D1670639

BENJAMIN HOFF

Le TAO
de
WINNIE L'OURSON

Illustrations
Ernest H. Shepard

Traduction française
Aurélien Clause et Claire Mallet

 SYNCHRONIQUE ÉDITIONS

Remerciements
Aurélien Clause, Claire Mallet et Louise Raszyk.

Design de couverture : Gudrun Fricke
Illustrations de couverture : Ernest H. Shepard
Maquette intérieure : JCH Studio

Édition originale publiée aux États-Unis sous le titre :
The Tao of Pooh de Benjamin Hoff.
© Benjamin Hoff, 1982.
© E. P. Dutton & Co. Inc. ; renouvelé par A. A. Milne, 1953,
pour les citations et les illustrations de *Winnie-the-Pooh*.
© E. P. Dutton & Co. Inc., 1928 ; renouvelé par A. A. Milne, 1956,
pour les citations et les illustrations de *The House at Pooh Corner*.
Cette édition a été publiée en accord avec Dutton, une marque
de Penguin Publishing Group, un département de Penguin
Random House LLC.
Nous exprimons notre profonde reconnaissance à The Trustees
of the Pooh Properties qui ont consenti à l'utilisation des illustrations de E. H. Shepard et des extraits de textes de A. A. Milne.

Pour la traduction française
© Synchronique Éditions, 2017.

ISBN : 978-2-917738-34-4

Achevé d'imprimer en Chine en janvier 2017.
Dépôt légal : février 2017

Synchronique Éditions
33, avenue Flouquet - 94240 L'Haÿ-les-Roses - France
www.synchronique-editions.com

Cottleston, Cottleston, Cottleston Pie,
L'oiseau peut piailler, mais il n'est pas en paille ;
Pose-moi une énigme, et je réponds cela :
« Cottleston, Cottleston, Cottleston Pie. »

Sommaire

Benjamin Hoff est écrivain, photographe, musicien et compositeur. Il vit aux États-Unis, dans l'Oregon, et a un faible pour les forêts et les oursons. Titulaire d'un *Bachelor of Arts* (il pense que son diplôme concerne les arts asiatiques mais il n'est pas allé vérifier depuis longtemps, donc ce n'est peut-être pas le cas), il était jusqu'à récemment un spécialiste de l'art japonais de la taille des plantes. Il se consacre à présent à l'écriture à temps plein. Enfin, la plupart du temps. Le reste du temps, il pratique le yoga taoïste, le taï-chi-chuan, le cerf-volant acrobatique, la fabrication et (aïe !) le lancer de boomerang, et le tennis taoïste, quoi que cela puisse être. Il aime également dormir et s'allonger à même le sol.

Il a publié en français *Le Tao de Winnie l'Ourson* et *Le Te de Porcinet*.

Avant-propos

— Qu'est-ce que tu écris ? me demanda Winnie en grimpant sur mon bureau.

— Le Tao de Winnie, lui répondis-je.

— Le *quoi* de Winnie ? s'exclama-t-il en barbouillant d'encre un mot que je venais tout juste d'écrire.

— Le *Tao* de Winnie, répétai-je en repoussant sa patte de mon stylo.

— On dirait plutôt le « *Aïe !* » de Winnie, dit-il en se frottant la patte.

— Eh bien, ce n'est pas le cas, rétorquai-je, de mauvaise humeur.

— De quoi ça parle ? me demanda Winnie en se penchant en avant et en barbouillant d'encre un autre mot.

— Ça parle de comment rester serein et calme en toutes circonstances ! lui hurlais-je.

— Tu l'as lu ? demanda-t-il.

C'était après une discussion que nous avions eue à propos des Grands Sages : quelqu'un avait dit qu'ils venaient tous d'Orient et je lui avais répondu que quelques-uns venaient d'ailleurs mais il continuait sur sa lancée, exactement comme cette phrase, sans rien écouter, jusqu'à ce que je me décide à lui lire une citation de la sagesse d'Occident, histoire de lui prouver que le monde faisait plus d'un hémisphère :

— Winnie, quand tu te réveilles le matin, dit enfin Porcinet, quelle est la première chose que tu te dis ?

— Qu'est-ce qu'on mange au petit-déjeuner ? répondit Winnie. Qu'est-ce que tu te dis, *toi* ?

— Je me dis : je me demande ce qu'il va arriver d'excitant *aujourd'hui* ? dit Porcinet.

Winnie acquiesça, pensif.

— C'est la même chose, dit-il.

— Qu'est-ce que c'est que ça ? me demanda le sceptique.

— La sagesse d'un taoïste occidental, répondis-je.

— On dirait que c'est tiré de *Winnie l'Ourson*, dit-il.

— C'est le cas.

— Ça n'a rien à voir avec le taoïsme, dit-il.

— Oh que si.

— Oh que non, rétorqua-t-il.

— De quoi s'agit-il alors, selon toi ? demandai-je.

— Et bien, c'est l'histoire d'un petit ourson court sur pattes qui se balade par-ci par-là, pose des questions absurdes, improvise des chansons, et à qui il arrive toutes sortes d'aventures sans qu'il n'en tire jamais le moindre savoir intellectuel ni n'en perde son espèce de bonheur naïf. *Voilà* de quoi il s'agit, dit-il.

— C'est la même chose, répondis-je.

C'est alors qu'une idée germa dans mon esprit : écrire un livre qui explique les principes du Tao grâce à Winnie l'Ourson et qui explique Winnie l'Ourson grâce aux principes du Tao.

Lorsqu'ils eurent connaissance de mon projet, ces gens savants s'exclamèrent : « *C'est grotesque !* » et d'autres choses du même goût. D'autres me dirent que c'était la chose la plus stupide qu'ils aient jamais entendue et que je nageais en plein délire. Quelques-uns me dirent que c'était une idée sympathique mais trop difficile à réaliser : « *D'ailleurs, par où commencerais-tu ?* », me deman-dèrent-ils. Eh bien, un vieux proverbe taoïste le formule ainsi : « *Un voyage de mille lieues commence toujours avec le premier pas.* »

Je pense donc que nous allons commencer par le commencement…

Le *Quoi?* de Winnie

— Tu vois, Winnie, lui dis-je, beaucoup de gens semblent ignorer ce qu'est le Tao…

— Ah bon? répondit Winnie en clignant des yeux.

— Donc c'est le but de ce chapitre : expliquer un peu les choses.

— Oh, je vois, dit Winnie.

— Et le plus simple serait que nous allions faire un petit tour en Chine.

— *Quoi?* s'exclama Winnie en ouvrant de grands yeux étonnés. Tout de suite?

— Bien sûr. Nous n'avons qu'à nous mettre à l'aise et à nous détendre, et nous y voilà.

— Oh, je vois, dit Winnie.

Imaginons que nous arpentions quelque ruelle d'une vaste cité chinoise et que nous tombions sur une petite boutique qui vende des rouleaux peints dans le style classique. Nous entrons et demandons à voir quelque chose d'allégorique ; quelque chose d'amusant, si l'on veut, mais qui ait une signification atemporelle. Le marchand nous sourit. « *J'ai exactement ce qu'il vous faut* », nous dit-il. « *Une copie des* Goûteurs de vinaigre *!* » Il nous conduit à une grande table sur laquelle il déroule le rouleau pour que nous l'examinions. « *Excusez-moi : je dois m'absenter un instant* », nous dit-il, puis il passe dans l'arrière-boutique et nous laisse seuls face à la peinture.

Bien qu'il s'agisse visiblement d'une copie assez récente, nous savons que l'original fut peint il y a bien longtemps ; la date exacte demeure incertaine. Mais depuis lors, le thème de cette peinture est devenu célèbre.

Nous y voyons trois hommes debout autour d'une jarre de vinaigre. Chacun d'eux y a trempé un doigt et l'a goûté. L'expression de leur visage traduit la réaction particulière de chacun. Puisque la peinture est une allégorie, il nous faut comprendre qu'il ne s'agit pas de goûteurs quelconques, mais qu'ils symbolisent les « Trois Enseignements » de la Chine et que le vinaigre qu'ils goûtent représente l'Essence de la Vie. Les trois maîtres sont K'ong Fou-tseu (Confucius),

Bouddha et Lao-tseu, l'auteur du plus ancien ouvrage taoïste connu. Le premier homme a une expression aigre, le second une expression amère, mais le troisième sourit.

Pour K'ong Fou-tseu, la vie avait un goût plutôt aigre. Il pensait que le présent trahissait le passé et que le gouvernement de l'homme sur Terre n'était plus en harmonie avec la Voie du Ciel, c'est-à-dire avec le gouvernement de l'univers. Aussi insistait-il sur le respect des ancêtres et sur les rites et cérémonies de jadis, lors desquels l'empereur, en tant que Fils du Ciel, servait d'intermédiaire entre les Cieux sans limites et l'espace délimité de la Terre. Sous le confucianisme, une musique de cour aux mesures précises, des pas de danse, des actions et des formules rigoureusement codifiés étaient autant d'éléments d'un ensemble de rituels extrêmement complexe, chacun ayant une fonction particulière à un moment particulier. On rapporte ce dicton au sujet de K'ong Fou-tseu : « *Si la natte est de travers, le Maître ne s'assied pas.* » Cela nous laisse imaginer jusqu'où les Confucéens poussaient les choses.

Pour Bouddha, le second personnage de la peinture, la vie sur Terre était amère, emplie d'attachements et de désirs qui mènent à la souffrance. Il voyait le monde comme un lieu truffé de pièges, générateur d'illusions, une roue de la souffrance en mouvement pour toutes les créatures. Afin de trouver la paix, le bouddhiste pensait qu'il fallait transcender « *ce monde de poussière* » et atteindre le Nirvana, c'est-à-dire, littéralement, un état « *sans vent* ». Bien que le caractère profondément optimiste des Chinois ait considérablement transformé et adapté le bouddhisme, originaire de l'Inde, après son implantation dans leur pays, le bouddhiste dévot voyait tout de même bien souvent la voie vers le Nirvana battue par le vent amer de la vie quotidienne.

Pour Lao-tseu, l'harmonie naturelle qui lie depuis l'origine le Ciel à la Terre est accessible à chacun à tout moment, mais pas en suivant les principes du confucianisme. Comme il le dit dans son *Tao te king* (DAO DE DJING), le *Livre de la Voie et de la Vertu*, la Terre est essentiellement un reflet du Ciel et obéit aux mêmes lois que lui – et ce ne sont *pas* les lois des hommes. Ces lois ne régissent pas seulement l'orbite des lointaines planètes, mais aussi le comportement des oiseaux dans les bois et des poissons dans la mer. Selon Lao-tseu, plus l'homme interfère avec cet équilibre naturel produit et gouverné par les lois universelles, plus il s'éloigne de l'harmonie. Plus on force, plus on souffre. Lourd ou léger, sec ou humide, vif ou lent, tout possède en soi sa nature propre, que l'on ne peut violer sans créer de problèmes. Dès que l'on impose de l'extérieur des lois abstraites et arbitraires, le conflit devient inévitable. Ce n'est qu'alors que la vie devient aigre.

Pour Lao-tseu, le monde n'était pas truffé de pièges mais nous enseignait au contraire de précieuses leçons. Ses leçons devaient être apprises, tout comme ses lois devaient être respectées, et tout allait pour le mieux. Plutôt que de se détourner de «*ce monde de poussière*», Lao-tseu conseillait aux hommes de «*se joindre à la poussière du monde*». Ce qu'il voyait à l'œuvre derrière toutes choses du Ciel et de la Terre, il le nommait *Tao* (Dao), «la Voie». L'un des principes premiers de l'enseignement de Lao-tseu était l'impossibilité de décrire convenablement cette Voie Universelle avec des mots : c'eût été une insulte à la fois à son pouvoir sans limite et à l'intelligence de l'esprit humain. Il était cependant possible de comprendre sa nature et ceux qui se souciaient le plus d'elle, et de la vie dont elle était inséparable, étaient ceux qui la comprenaient le mieux.

Au fil des siècles, les enseignements fondamentaux de Lao-tseu se développèrent et se ramifièrent en philosophies, en pratiques monastiques et en croyances populaires. On peut toutes les regrouper sous l'appellation générale de « taoïsme ». Mais le taoïsme originel qui nous intéresse ici n'est rien d'autre qu'une manière particulière d'apprécier, de tirer des enseignements et de vivre en accord avec ce qui peut se produire dans la vie de tous les jours. Du point de vue taoïste, cette manière harmonieuse de vivre mène naturellement au bonheur. On pourrait dire qu'une sérénité heureuse est la caractéristique la plus visible de la personnalité taoïste, et qu'un subtil sens de l'humour se manifeste même dans les écrits taoïstes les plus profonds, tels que le *Tao te king* vieux de 2 500 ans. Dans les textes d'un autre grand sage taoïste, Tchouang-tseu, un rire tranquille semble pétiller comme les bulles d'eau d'une fontaine.

— Mais quel est le rapport avec le vinaigre ? demanda Winnie.

— Je crois que je viens de l'expliquer, dis-je.

— Non, je ne crois pas.

— Bon. Alors, je vais l'expliquer tout de suite.

— Tant mieux, me dit Winnie.

Pourquoi cette peinture montre-t-elle Lao-tseu souriant? Après tout, ce vinaigre symbolisant la vie doit sans doute avoir un goût désagréable, comme l'indiquent les expressions des deux autres personnages. Pourtant, en œuvrant en harmonie avec les événements de la vie, la compréhension taoïste transmute en positif ce que d'autres percevraient comme négatif. Du point de vue taoïste, l'aigre et l'amer proviennent d'un esprit qui se mêle de tout sans profiter de rien. La vie elle-même est douce lorsqu'on la comprend et qu'on la vit pour ce qu'elle est. Tel est le message des *Goûteurs de vinaigre*.

— Douce? Comme le miel, tu veux dire? me demanda Winnie.

— Eh bien, peut-être pas *aussi* douce. Ce serait exagérer un peu, lui dis-je.

— Est-ce que nous sommes toujours censés être en Chine? demanda prudemment Winnie.

— Non, nous en avons fini avec les explications et nous sommes maintenant de retour à mon bureau.

— Ah. Eh bien ! Nous sommes juste à l'heure pour le goûter, ajouta-t-il en allant rôder autour du placard de la cuisine.

Le Tao de *Qui*?

Une nuit, nous avions débattu de la définition de la sagesse jusque tard et nous étions juste sur le point de nous endormir lorsque Winnie fit remarquer que sa compréhension des principes taoïstes lui avait été transmise par certains de ses très lointains ancêtres.

— Comme qui ? lui demandai-je.

— Comme Winnie Tao-tseu, le célèbre peintre chinois, répondit Winnie.

— Tu veux dire *Wu* Tao-tseu.

— Et que dis-tu de Winnie Po, le célèbre poète taoïste ? me demanda prudemment Winnie.

— Tu parles de *Li* Po, lui dis-je.

— Oh, répondit Winnie en baissant les yeux.

Une idée me vint.

— Ce n'est pas très important, à vrai dire, lui dis-je, car l'un des principes les plus importants du taoïsme porte ton nom.

— Pour de vrai ? me demanda Winnie, reprenant espoir.

— Bien sûr : *P'ou* [1], le « Bloc de Bois brut ».

— Je l'avais oublié, celui-ci ! dit Winnie.

Nous voilà donc à tenter d'expliquer *P'ou*, le Bloc de Bois brut. À la manière taoïste classique, nous n'allons pas faire des efforts démesurés, ni trop expliquer car nous ne ferions que rendre les choses confuses et donnerions l'impression qu'il ne s'agit que d'une idée abstraite que l'on pourrait considérer de manière tout aussi abstraite, puis laisser de côté. Et ensuite, vous vous diriez : « *Bon, c'est très bien, comme idée, mais que peut-on en faire ?* » Donc, nous allons plutôt tenter de *montrer* ce que l'on peut en faire d'une façon ou d'une autre.

Au passage, il faut prononcer *P'ou* un peu comme « pou » mais sans trop insister sur le « ou » – comme le son que vous faites quand vous soufflez sur un insecte pour le chasser de votre bras par une chaude après-midi d'été.

---

1. L'auteur fait ici un jeu de mots intraduisible en français entre « P'ou » et « *Pooh* » (Winnie l'Ourson se dit en anglais *Winnie the Pooh*).

Avant d'inviter notre spécialiste maison à nous éclairer de quelques-unes de ses remarques édifiantes, expliquons un ou deux points.

Au fond, le principe du Bloc de Bois brut dit que les choses, dans leur simplicité originelle, contiennent leur propre puissance naturelle, puissance qu'il est facile de gâter et de perdre en s'éloignant de cette simplicité.

À l'article de l'idéogramme *P'ou*, un dictionnaire chinois typique donnera : « naturel, simple, clair, honnête ». *P'ou* se compose de deux caractères distincts : le premier, le « radical » ou la racine, désigne l'arbre ou le bois ; le second, le « phonétique » ou le modalisateur, exprime la luxuriance ou le foisonnement. De l'idée « d'arbre foisonnant » ou de « bois non coupé », on en vient donc à celle de « choses dans leur état naturel », que l'on traduit généralement dans les ouvrages taoïstes en français par « Bloc de Bois brut ».

Ce principe fondamental du taoïsme ne s'applique pas seulement aux *choses* dans leur beauté naturelle et fonctionnelle, mais aussi aux personnes. Ou aux oursons. Ce qui nous ramène à Winnie, l'incarnation même du Bloc de Bois brut. Comme exemple de ce principe, Winnie peut paraître de temps à autre un peu *trop* simplet...

— *Moi*, je pense que c'est vers la droite, dit nerveusement Porcinet. Qu'est-ce que tu en penses, *toi*, Winnie ?

Winnie regarda ses deux pattes. Il savait que l'une d'elles était la droite, et il savait que quand on avait décidé laquelle était la droite, alors l'autre était la gauche, mais il ne se rappelait jamais par où commencer.

— Eh bien..., répondit-il lentement...

... mais quelle que soit l'image qu'il donne aux autres, surtout à ceux qui se laissent berner par les apparences, Winnie, le Bloc de Bois brut, est capable d'achever ce qu'il entreprend *précisément* parce qu'il est simple. Comme vous le dira n'importe quel vieux taoïste sortant de sa forêt, «simple» ne veut pas forcément dire *stupide*. Il est intéressant de remarquer que l'idéal taoïste soit cet «esprit-miroir», calme, serein et réfléchi qu'est le Bloc de Bois brut, et il est tout aussi révélateur que, plutôt que ces intellectuels de Coco Lapin, Maître Hibou ou Bourriquet, ce soit Winnie le vrai héros de *Winnie l'Ourson* et de *La Maison de Winnie*:

> — Le fait est, dit Coco Lapin, que d'une façon ou d'une autre, nous nous sommes perdus.
> Ils se reposaient dans une petite carrière de sable surplombant la forêt. Winnie commençait à en avoir assez de cette carrière et il la suspectait de les suivre à la trace, car qu'importe la direction qu'ils empruntaient, ils finissaient toujours par retomber dessus, et à chaque fois, quand elle surgissait du brouillard sous leurs yeux, Coco Lapin disait, tout fier: «*Voilà, je sais où nous sommes!*», et Winnie disait, tout triste: «*Moi aussi*», et Porcinet ne disait rien. Il avait bien essayé de trouver quelque chose à dire mais tout ce qui lui occupait l'esprit, c'était: «*Au secours! Au secours!*», ce qui lui

semblait un peu bête puisqu'il avait Winnie et Coco Lapin avec lui.

— Bon, dit Coco Lapin, après un long silence que personne n'interrompit pour le remercier de cette jolie promenade, je suppose qu'on ferait mieux de continuer. Dans quelle direction essaie-t-on cette fois ?

— Et si, dit Winnie en détachant chaque mot, dès que nous serons hors de vue de cette carrière, nous cherchions à y revenir ?

— Pour quoi faire ? lui demanda Coco Lapin.

— Eh bien, répondit Winnie, nous cherchons depuis un moment la maison sans la retrouver, donc je me disais que si nous cherchions cette carrière, à tous les coups nous ne pourrions pas la retrouver, ce qui serait une bonne chose car nous trouverions peut-être alors quelque chose que nous ne cherchons *pas*, mais qui serait peut-être *exactement* ce que nous cherchons en réalité.

— Je n'y comprends pas grand-chose…, dit Coco Lapin. Si je m'éloigne de la carrière puis que je rebrousse chemin, *bien sûr* que je vais retomber dessus.

— Eh bien, je me disais que ce ne serait peut-être pas le cas, répondit Winnie. C'était juste une idée.

— Essaie donc, lui dit soudain Porcinet. Nous t'attendons ici.

Coco Lapin ricana pour montrer combien Porcinet était bête et partit dans le brouillard. Après avoir marché une centaine de mètres, il fit demi-tour et revint en arrière… Et après l'avoir attendu vingt minutes avec Porcinet, Winnie se leva.

— C'était juste une idée, dit Winnie. Allez, maintenant, rentrons chez nous, Porcinet.

— Mais, Winnie, s'écria Porcinet tout excité, est-ce que tu connais le chemin ?

— Non, lui répondit Winnie, mais j'ai dans mon placard douze pots de miel qui m'appellent depuis des heures. Je ne les entendais pas bien tout à l'heure parce que Coco Lapin *n'arrêtait pas* de parler, mais si personne ne parle à part ces douze pots, Porcinet, je *pense* trouver d'où ils m'appellent. Suis-moi.

Ils se mirent en route ; et pendant un long moment, Porcinet ne dit rien pour ne pas interrompre les pots ; soudain, il poussa un cri aigu… puis un grand « Oooh… », car il commençait à reconnaître les environs ; mais il n'osait toujours pas le dire à voix haute, de peur de se tromper. Et lorsqu'il se sentit si sûr de lui que l'appel des pots n'eût plus aucune importance, il entendit un cri devant eux et Jean-Christophe sortit du brouillard.

Après tout, si l'intelligence comptait plus que le reste, ce serait Coco Lapin le héros de l'histoire, et non cet ourson. Mais ce n'est pas ainsi que va le monde.

— Nous sommes venus te souhaiter un très joyeux jeudi, dit Winnie après être entré et sorti une ou deux fois, juste pour vérifier qu'il pouvait le faire.

— Pourquoi ? Qu'est-ce qu'il va arriver jeudi ? lui demanda Coco Lapin.

Quand Winnie lui eut expliqué, Coco Lapin, dont la vie était faite de choses importantes, leur dit :

— Oh. Je pensais que vous veniez pour une bonne raison.

Ils restèrent assis quelque temps… puis Winnie et Porcinet repartirent. Ils avaient le vent dans le dos, à présent, aussi n'avaient-ils plus besoin de crier pour s'entendre.

— Coco Lapin est intelligent, dit Winnie, pensif.

— Oui, répondit Porcinet, Coco Lapin est intelligent.

— C'est une Tête.

— Oui, Coco Lapin, c'est une Tête.

Il y eut un long silence.

— Je suppose, dit Winnie, que c'est pour cela qu'il ne comprend jamais rien à rien.

Et si Coco l'intelligent n'est pas vraiment à la hauteur, Bourriquet le caustique ne l'est certainement pas non plus. Pourquoi ? À cause de ce que l'on pourrait appeler l'*attitude Bourriquet*. Tandis que le passe-temps quotidien de Coco Lapin est la connaissance pour briller et que celui de Maître Hibou est la connaissance pour paraître sage, Bourriquet, lui, s'attache à la connaissance pour pouvoir se plaindre de quelque chose. L'*attitude Bourriquet*, comme l'observent tous ceux qui ne l'adoptent pas, est un obstacle sur la voie de choses comme la sagesse et le bonheur, et empêche d'atteindre pratiquement tout véritable accomplissement dans la vie.

Bourriquet, le vieil âne gris, se tenait sur la berge et contemplait son reflet.

— Pathétique. Il n'y a pas d'autre mot : pathétique, déclara-t-il.

Il se détourna et descendit une vingtaine de mètres le long de la rivière, la traversa à grandes éclaboussures et fit à pas lents le chemin inverse sur l'autre rive. Puis il observa à nouveau son reflet dans l'eau :

— Comme je le pensais, ce n'est pas mieux de *ce* côté-là, dit-il. Mais nul ne s'en inquiète. Nul ne s'en soucie. Pathétique, il n'y a pas d'autre mot. Il y eut un craquement dans les fougères derrière lui et Winnie en sortit.

— Bonjour, Bourriquet, dit Winnie.

— Bonjour, Monsieur l'Ourson, dit Bourriquet, lugubre. Si tant est que ce soit *vraiment* un bon jour, ce dont je doute, ajouta-t-il.

— Pourquoi ? Quel est le problème ?

— Rien, Monsieur l'Ourson, rien du tout. Nous ne pouvons pas tous l'être, et certains d'entre nous ne le sont pas. C'est aussi simple que cela.

Ce n'est pas que l'*attitude Bourriquet* soit forcément dénuée d'un certain humour grinçant…

— Coucou, Bourriquet ! crièrent-ils avec entrain.

— Ah ! Vous vous êtes perdus ? s'exclama Bourriquet.

— Nous sommes juste venus te dire bonjour et voir à quoi ressemble ta maison. Regarde, Winnie, elle est toujours debout! répondit Porcinet.

— N'est-ce pas? dit Bourriquet. C'est très étrange. Quelqu'un aurait dû venir et la faire s'écrouler.

— On se demandait si le vent l'aurait emportée, déclara Winnie.

— Ah, c'est pour cela que personne ne s'en est occupé, je suppose. Je me disais qu'on l'avait peut-être oubliée.

... c'est simplement qu'elle n'est jamais *vraiment* terriblement drôle. Contrairement à plusieurs autres points de vue auxquels nous pouvons penser. Elle est un peu trop complexe ou quelque chose de ce genre. Après tout, qu'est-ce qui rend *Winnie* si adorable?

— Eh bien, pour commencer..., répondit Winnie.

... Eh bien, pour commencer, nous avons le principe du Bloc de Bois brut. Après tout, qu'y a-t-il de plus attachant chez *Winnie*? Quoi d'autre, sinon...

— Eh bien, pour commencer…

… la simplicité, cette simplicité du Bloc de Bois brut ? La plus belle chose, dans cette simplicité, c'est sa sagesse pratique, son genre *Qu'y-a-t-il-à-manger-aujourd'hui*. Une sagesse accessible.

Gardons cela à l'esprit et demandons à *Winnie* de nous décrire la nature du Bloc de Bois brut.

— Très bien. Winnie, que peux-tu nous dire au sujet du Bloc de Bois brut ?

— Du *quoi* ? me demanda Winnie se redressant d'un coup en écarquillant les yeux.

— Le Bloc de Bois brut, *tu sais*…

— Oh, le… Oh.

— Que peux-tu nous en dire ?

— Ce n'est pas moi qui l'aie fait, répondit Winnie.

— Tu…

— Ça doit être Porcinet, déclara-t-il.

— Ce n'est pas moi ! couina Porcinet.

— Oh, Porcinet. Où as-tu…

— *Ce n'est pas moi* ! répéta Porcinet.

— Bon, eh bien, c'est sans doute Coco Lapin, dit Winnie.

— Ce n'est pas *moi* ! insista Porcinet.

— Quelqu'un m'a appelé ? demanda Coco Lapin en surgissant de derrière une chaise.

— Oh, Coco. Nous parlions du Bloc de Bois brut, lui dis-je.

— Je ne l'ai pas vu, répondit Coco Lapin, mais je vais aller demander à Maître Hibou.

— Ce ne sera pas néces…, commençai-je.

— Trop tard, m'interrompit Winnie. Il est parti.

— Je n'ai même jamais *entendu parler* du Bloc de Bois brut, dit Porcinet.

— Moi non plus, rétorqua Winnie en se frottant l'oreille.

— C'est une figure de style, leur dis-je.

— Une *quoi de qui* ? demanda Winnie.

— Une figure de style. Cela signifie, eh bien, que le Bloc de Bois brut est une façon de dire «comme Winnie».

— Oh, c'est *tout* ? dit Porcinet.

— Je me disais bien ! ajouta Winnie.

Winnie ne peut nous décrire avec des mots le Bloc de Bois brut ; il ne peut que l'être. *Voilà* la nature du Bloc de Bois brut.

— Une description parfaite. Merci, Winnie.

— Pas de quoi, répondit Winnie.

Quand vous laissez tomber l'arrogance, la complexité et deux trois autres choses encombrantes, vous découvrez tôt ou tard ce secret simple, enfantin et mystérieux, connu seulement des adeptes du Bloc de Bois brut : la vie est follement amusante.

Un beau matin d'automne, alors que le vent avait emporté toutes les feuilles des arbres pendant la nuit et tentait d'en emporter les branches, Winnie et Porcinet étaient assis à leur endroit-favori-pour-réfléchir et pensaient.

— *Moi*, ce que je pense, dit Winnie, c'est que je pense que nous devrions rendre visite à Bourriquet. Sa maison a peut-être été emportée par le vent et il aimerait peut-être que nous l'aidions à la reconstruire.

— *Moi*, ce que je pense, dit Porcinet, c'est que je pense que nous devrions aller voir Jean-Christophe mais voilà, il ne sera pas là, alors nous ne le verrons pas.

— Allons voir *tout le monde*, répondit Winnie, parce qu'après des kilomètres à lutter contre le vent, quand tu entres soudain chez quelqu'un et qu'il te dit : «*Coucou, Winnie, tu arrives à point nommé pour un petit morceau de quelque chose*» et que tu arrives à point nommé, c'est ce que j'appelle une Bonne Journée.

Porcinet se dit qu'ils devaient trouver une raison pour aller voir tout le monde, comme partir à la recherche de Petit ou organiser une *expotition*. Il demanda à Winnie s'il avait une idée. Il en avait une.

— Nous irons les voir parce que c'est jeudi, dit-il, et nous irons souhaiter à tout le monde un Très Joyeux Jeudi. Suis-moi, Porcinet.

L'état d'esprit du Bloc de Bois brut confère la capacité d'apprécier ce qui est calme, simple, naturel et ordinaire. Il permet également d'agir avec spontanéité et de sorte que les choses fonctionnent, même si cela peut parfois paraître étrange aux autres. Comme le dit Porcinet dans *Winnie l'Ourson* : «*Winnie n'est pas une tête, mais il*

ne cause jamais aucun mal. Il fait des bêtises qui finissent toujours bien. »

Pour comprendre un peu mieux tout cela, nous pouvons observer l'exact contraire de Winnie – quelqu'un comme, disons, Maître Hibou…

ÉPELER *LUNDI*

L'Ourson traversa des taillis et des bosquets ; il descendit des collines parmi les joncs et les bruyères, passa les lits rocailleux des torrents, gravit leurs rives sablonneuses pour replonger dans les bruyères ; enfin, rompu et affamé, il parvint à la Forêt des Rêves bleus. Car c'était dans la Forêt des Rêves bleus que vivait Maître Hibou.

« Et si quelqu'un connaît quelque chose sur les choses, se disait l'Ourson, *c'est bien Maître Hibou, qui sait bien des choses sur bien des choses*, se disait-il, *ou je ne m'appelle plus Winnie l'Ourson ; or c'est mon nom ; donc nous sommes d'accord. »*

Bref, nous arrivons à la demeure de Maître Hibou, tout comme certains d'entre nous l'ont si souvent fait par le passé, en quête de réponses à telle ou telle question. Y trouverons-nous nos réponses ?

Avant d'entrer et de voir ce qu'il en est, il convient de faire quelques remarques préliminaires sur le type d'érudit que représente Maître Hibou au vu des comportements et des principes taoïstes qui nous intéressent.

Pour commencer, il faut souligner qu'en Chine, les érudits (qu'on appelait des «lettrés») avaient généralement une formation et des opinions confucéennes, et tenaient donc souvent un langage quelque peu différent de celui des taoïstes, qui avaient tendance, eux, à considérer ces lettrés confucéens comme des abeilles bourdonnantes gâchant le grand pique-nique de la vie et butinant sans répit les miettes éparpillées. Dans la dernière partie du *Tao te king*, Lao-tseu écrit : «*Les sages ne sont pas savants ; les gens savants ne sont pas sages.*» C'est une opinion partagée par nombre de taoïstes avant et après lui.

Du point de vue taoïste, bien que l'intellect du savant puisse être utile pour analyser certains sujets, les réalités plus vastes et plus profondes restent hors de sa portée limitée. Le taoïste Tchouang-tseu le dit en ces termes :

> *Une grenouille vivant dans un puits ne peut ima-*
> *giner l'océan, ni un insecte d'été concevoir la glace.*
> *Comment donc un érudit pourrait-il comprendre le*
> *Tao ? Il est entravé par ses propres connaissances.*

(J'ai moi-même traduit et adapté ce passage,
ainsi que d'autres tirés de grands classiques orien-
taux.)

D'une certaine façon, il est plutôt étrange que
le taoïsme, à savoir la voie de l'Homme Entier, de
l'Homme Véritable, de l'Homme Spirituel (pour
citer quelques termes taoïstes), soit incarné en
grande partie ici, en Occident, par ce Hibou érudit
– c'est-à-dire par la matière grise, l'académisme,
le professeur aride et tête en l'air. Loin de reflé-
ter l'idéal taoïste de plénitude et d'indépendance,
cette créature imparfaite et déséquilibrée divise
toutes sortes de choses abstraites en catégories et
les classe dans de petits compartiments, tout en

se montrant impuissante et désorganisée dans sa propre vie quotidienne. Plutôt que d'apprendre de maîtres taoïstes et de sa propre expérience, il apprend des livres, c'est-à-dire de manière indirecte et intellectuelle. Et puisqu'il n'applique généralement pas les principes du Tao de façon habituelle et quotidienne, il a tendance à passer sous silence certains détails assez importants lorsqu'il les explique, comme leur mode de fonctionnement ou la façon de les mettre en pratique.

De surcroît, il est excessivement difficile de retrouver *l'esprit du Tao* dans les mornes écrits de ce croque-mort académique, dont les insipides dissertations érudites ne retiennent guère plus l'âme de cette *sagesse du Tao* que ne le font les statues de cire du musée Grévin.

Voilà ce que l'on peut attendre du Hibou abstrait, cet aride descendant occidental du lettré appliqué confucéen qui, au contraire de son ancêtre, noble mais assez peu imaginatif, pense qu'il détient le monopole du...

— C'est *quoi*, ça ? m'interrompit Winnie.
— *Quoi*, quoi ? demandai-je.
— Ce que tu viens de dire : le lettré asséché confusionnant.

— Disons que le «lettré asséché confusionnant», c'est celui qui étudie la connaissance pour l'amour de la connaissance, et qui garde tout ce qu'il apprend pour lui seul ou pour sa petite communauté. Il produit des écrits pompeux et prétentieux que lui seul comprend, plutôt que de contribuer à l'éveil des autres. Tu comprends ?

— Beaucoup mieux, dit Winnie.

— Maître Hibou nous donne un bel exemple du lettré asséché confusionnant.

— Je vois, répondit Winnie.

Ce qui nous ramène à Maître Hibou. Voyons voir… Comment Coco Lapin décrivait-il le cas de Maître Hibou ? Ah, voici le passage :

> … On ne peut que respecter quelqu'un qui sait épeler Lundi, même s'il l'épelle mal. Mais savoir épeler ne fait pas tout. Certains jours, savoir épeler *lundi* ne sert strictement à rien.

— D'ailleurs *toi*, Winnie, comment épelles-tu *lundi* ?

— Comment j'épelle quoi ? demanda Winnie.

— *Lundi*. Tu sais : *lundi, mardi…*

— Mon pauvre Winnie, lui dit Maître Hibou, *tout le monde* sait que l'on écrit *lundi* avec un *Un*.

— C'est vrai ? lui demanda Winnie.

— Évidemment, lui répondit Maître Hibou. Après tout, c'est le jour numéro 1 de la semaine.

— Oh ! C'est comme *cela* que ça marche ? demanda Winnie.

— Soit, Maître Hibou, lui dis-je. Et quel jour vient après *lundi* ?

— *Deuxdi*, me répondit Maître Hibou.

— Maître Hibou, vous mélangez les choses ; le lendemain du *lundi* n'est pas le *deu* – je veux dire le *jeudi*.

— Qu'est-ce que c'est, alors ? demanda Maître Hibou.

— C'est *Aujourd'hui* ! couina Porcinet.

— Mon jour favori, ajouta Winnie.

C'est aussi le nôtre. Nous nous demandons pourquoi les érudits ne l'apprécient guère. C'est peut-être parce qu'ils ont l'esprit Confus à force de tant penser aux autres jours.

Une caractéristique assez agaçante de ces érudits est de toujours utiliser des mots compliqués que certains d'entre nous ne peuvent pas comprendre...

— Très bien, le protocole coutumier en de tels cas est le suivant, dit Maître Hibou.

— Qu'est-ce que c'est la profiterole coulommiers ? lui demanda Winnie. Je suis un ourson avec un tout petit cerveau et les mots si longs m'embêtent.

— Cela veut dire : la chose à faire.

— Si c'est ça que ça veut dire, je veux bien, répondit humblement Winnie.

… et l'on a parfois l'impression que ces mots intimidants sont là pour nous *empêcher* de comprendre. Ainsi, les érudits peuvent paraître supérieurs et risquent moins d'être suspectés de ne pas savoir quelque chose. Après tout, du point de vue des savants, c'est pratiquement un crime que de ne pas tout savoir sur tout.

Parfois, le savoir d'un érudit est un peu difficile à comprendre car il ne semble pas correspondre à notre propre expérience des choses. Autrement dit, la connaissance et l'expérience ne parlent pas forcément la même langue. Mais la connaissance qui vient de l'expérience n'est-elle pas plus précieuse que la connaissance qui n'en vient pas ? Il semble assez évident à certains d'entre nous que de nombreux érudits auraient bien besoin de mettre

le nez dehors – d'aller marcher dans l'herbe, de
parler aux animaux, ce genre de choses.

— Beaucoup de gens parlent aux animaux, me
dit Winnie.
— Peut-être, mais…
— Mais peu les écoutent, ajouta-t-il. C'est ça,
le problème.

Autrement dit, *connaître* est quelque chose de
plus vaste qu'avoir simplement raison. Comme le
poète mystique Han-chan l'écrit :

> *Un lettré nommé Wang*
> *A ri de mes poèmes.*
> *Ce sont des vers bancals,*
> *Me dit-il ;*
> *Des syllabes en trop ;*
> *Ton mètre est maladroit,*
> *Ton phrasé impulsif.*
>
> *Je ris de ses poèmes,*
> *Tout comme il rit des miens.*
> *Ils me semblent*
> *Écrits par un aveugle*
> *Décrivant le soleil.*

Bien souvent, s'acharner comme le font les lettrés sur des sujets relativement peu importants peut nous rendre de plus en plus confus. Winnie décrit l'état d'esprit du Confusionnant de manière assez juste :

> *Tous les lundis, quand le soleil est chaud,*
> *Je me prends à m'interroger ainsi :*
> *Est-ce donc vrai, ou n'est-ce pas plus faux,*
> *Que ceci soit cela, que cela soit ceci ?*

> *Tous les mardis, lorsqu'il neige et qu'il pleut,*
> *Cette impression croît dans mon esprit :*
> *Que tous ces gens, au fond, savent bien peu*
> *Si ceux-ci sont ceux-là, et ceux-là sont ceux-ci.*

> *Les mercredis, lorsque le ciel est bleu,*
> *Je me prends à m'interroger ainsi,*
> *Lorsque je n'ai rien à faire de mieux :*
> *Qui donc est-ce cela ? Qu'est-ce donc que ceci ?*

> *Tous les jeudis, si j'ai froid le matin,*
> *Et que le gel scintille sur les chênes,*
> *Je réfléchis : peut-on être certain*
> *Que ceux-ci sont cela, si ceux-là sont les mêmes ?*

> *Les vendredis…*

En effet, qui sont-ils, *ceux-là*, au fond ? Pour les lettrés asséchés, coller une étiquette sur chaque chose est l'activité la plus vitale au monde. *Arbre. Fleur. Chien.* Mais ne leur demandez pas d'élaguer cet arbre, de planter cette fleur ou de s'occuper du chien, à moins que vous aimiez les mauvaises surprises. On dirait que les êtres qui vivent et évoluent sont hors de leur portée.

Les érudits peuvent cependant se révéler très utiles, voire indispensables, à leur manière morne et ennuyeuse. Ce sont d'intarissables sources d'information. Il leur manque juste un petit quelque chose, et ce petit quelque chose fait l'essentiel de la vie.

Zut.

— Dis-moi, Winnie, as-tu vu mon autre stylo ?

— J'ai vu Maître Hibou s'en servir tout à l'heure, me répondit Winnie.

— Ah, le voilà. Tiens, qu'est-ce que c'est ? *Les Oryctéropes et leurs extravagances.*

— Pardon ? dit Winnie.

— *Les Oryctéropes et leurs extravagances* : c'est ce que Maître Hibou était en train d'écrire.

— Oh, tout un sujet, répondit Winnie.

— Regarde, le bout de mon stylo est tout mâchonné.

Une autre chose amusante à propos du savoir, que ce soit celui des érudits, des scientifiques ou de n'importe qui d'autre : il veut toujours accuser l'esprit du Bloc de Bois brut – que *lui* nomme «ignorance» – pour des problèmes dont il est lui-même responsable, directement ou indirectement, à cause de son étroitesse d'esprit, de ses limites ou de sa négligence. Par exemple, si vous construisez votre maison là où le vent risque de l'emporter, puis la laissez s'abîmer tandis que votre seule préoccupation est de savoir comment s'écrit le mot *confiture*, que va-t-il généralement se produire ? Je vous le donne en mille. Tout le monde sait cela. Et pourtant, quand la maison de Maître Hibou s'effondre, qu'en dit-il ?

— Winnie, s'écria sévèrement Maître Hibou, est-ce *toi* qui as fait cela ?
— Non, lui répondit Winnie, tout embarrassé. Je ne *pense* pas.
— Qui est-ce, alors ?
— Je pense que c'est le vent, dit Porcinet. Je pense qu'il a emporté ta maison.

— Oh, tu crois ? Je pensais que c'était Winnie.

— Non, dit Winnie.

Pour conclure notre chapitre sur la recherche de la connaissance par amour de la connaissance, rappelons-nous cet incident tiré de *La Maison de l'ours Winnie*. Bourriquet était très occupé à intimider Porcinet grâce à une étrange chose bricolée avec trois bouts de bâton…

— Sais-tu ce que représente *A*, petit Porcinet ?

— Non, Bourriquet, je ne sais pas.

— Cela représente l'Apprentissage, cela représente l'Éducation, cela représente tout ce que Winnie et toi-même n'avez pas. Voilà ce que représente *A*.

— Ah, répondit Porcinet. Je veux dire, vraiment ? s'empressa-t-il d'ajouter.

— Puisque je te le dis. Les gens vont et viennent dans cette forêt, et ils disent : « *Ce n'est que Bourriquet, donc il ne compte pas.* » Ils vont par-ci par-là en criant : « *Ha ha !* », mais que savent-ils de *A* ? Rien du tout. Pour *eux*, c'est juste trois bouts de bois. Mais pour les gens éduqués – écoute-moi bien, petit Porcinet –, pour les gens éduqués, c'est-à-dire ni toi ni Winnie, c'est un beau, grand et glorieux *A*.

Il ajouta :

— Ce n'est pas juste quelque chose que n'importe qui peut venir *triturer*.

C'est alors que s'en vint Coco Lapin…

— Je voulais juste te poser une question, Bourriquet. Ces derniers temps, que se passe-t-il avec Jean-Christophe le matin ?

— Qu'est-ce que c'est, là, devant moi ? dit Bourriquet, les yeux fixés sur ses bâtons.

— Trois bouts de bois, s'empressa de répondre Coco Lapin.

— Tu vois ? dit Bourriquet à Porcinet. Puis, se retournant vers Coco Lapin avec un air solennel : Je vais à présent répondre à ta question.

— Merci bien, répondit Coco Lapin.

— Qu'est-ce que fait Jean-Christophe le matin ? Il apprend. Il s'Éduque. Il s'*investègre* – je crois que c'est le mot qu'il a employé, mais je me réfère peut-être à autre chose –, il s'*investègre* de Connaissance. Et avec mes faibles moyens, moi aussi, si j'ai le mot juste, je fais exactement la même chose. Cela, par exemple, c'est…

— Un *A*, lui dit Coco Lapin, mais il n'est pas terrible ce *A*. Bon, je vais aller dire tout ça aux autres.

Bourriquet considéra ses bouts de bâton, puis leva les yeux vers Porcinet.

— Il *savait* ? Tu veux dire que cette histoire de *A*, c'est quelque chose que Coco Lapin connaissait ?

— Oui, Bourriquet. Il est intelligent, Coco Lapin, ça oui.

— Intelligent ! s'exclama Bourriquet avec mépris en piétinant ses trois bouts de bois. L'Éducation ! ajouta-t-il amèrement en écrasant ses six bouts de bâton. Qu'est-ce que *c'est* qu'apprendre ? demanda-t-il en mettant un grand coup de pied dans ses douze morceaux de bois. Quelque chose que Coco Lapin connaît ! Ha !

Eh bien, voilà.

— Je connais quelque chose que Coco Lapin ne connaît pas, dit Porcinet.

— Oh ? Quoi donc ? lui demandai-je.

— Eh bien, je ne me rappelle plus comment ça s'appelle…

— Ah oui ! C'est ce dont nous allons parler dans le prochain chapitre, lui dis-je.

— *Comment* ça s'appelle, déjà ? répéta Porcinet en trépignant.

— Eh bien, voyons voir…

COTTLESTON PIE

Vous souvenez-vous de l'arrivée de Grand Gourou et de Petit Gourou dans la Forêt des Rêves bleus ? Aussitôt Coco Lapin avait décidé qu'il ne les aimait pas parce qu'ils étaient différents. Puis il s'était mis à réfléchir à un moyen de les faire partir. Heureusement pour tout le monde, son plan échoua, comme tous les plans intelligents finissent tôt ou tard par le faire.

L'intelligence, après tout, a ses propres limites. Ses jugements mécaniques et ses remarques astucieuses ont tendance à se révéler fausses à mesure que le temps passe car l'intelligence va rarement au fond des choses, pour commencer. Dans le cas de Coco Lapin, il avait dû par la suite changer d'avis car certaines choses lui avaient échappé d'entrée de jeu. Ce qui rend une personne *vraiment* différente – unique, en fait – est quelque chose que l'intelligence ne peut pas réellement comprendre.

Nous allons appeler ce Je-ne-sais-quoi-de-spécial *Nature Intérieure*. Et puisque comprendre ou appréhender cette idée est pour ainsi dire hors de portée de l'intellect, nous allons demander à Winnie de nous l'expliquer par le biais du Principe de Cottleston Pie.

— Heu… (tousse)… *Hum*.
Donnez-moi une minute.
— Oui, Winnie ?
— *Moi*, expliquer ça ? dit Winnie en se cachant derrière sa patte.
— Eh bien, oui ; je pense que c'est une bonne idée.
— Pourquoi *toi*, tu ne l'expliques pas ? me demanda Winnie.
— Eh bien, je pense que *tu* le ferais mieux que moi, à ta manière.
— Je ne crois pas que ce soit une très bonne idée, dit Winnie.
— Pourquoi ?
— Parce que quand j'explique des choses, je finis par les embrouiller, répondit-il. Voilà pourquoi.
— Bon, je vais expliquer alors. Mais tu peux me donner un coup de pouce de temps à autre. Qu'en penses-tu ?

— C'est beaucoup mieux ainsi, s'écria Winnie.

Voyons voir. Le Principe de Cottleston Pie découle de la chanson qui porte le même nom et que Winnie chante dans *Winnie l'Ourson*. Hum…

— Dis voir, Winnie. Tu ferais peut-être mieux de nous rafraîchir la mémoire en nous la chantant, au cas où quelqu'un l'ait oubliée.

— Bien sûr, répondit-il en s'éclaircissant la voix. Voyons…

Cottleston, Cottleston, Cottleston Pie,
L'oiseau peut piailler, mais il n'est pas en paille ;
Pose-moi une énigme, et je réponds cela :
Cottleston, Cottleston, Cottleston Pie.

Cottleston, Cottleston, Cottleston Pie,
Moi, je sais mal siffler ; un poisson ne peut pas ;
Pose-moi une énigme, et je réponds cela :
Cottleston, Cottleston, Cottleston Pie.

Cottleston, Cottleston, Cottleston Pie,
Si le poulet le fait, je ne sais pas pourquoi ;
Pose-moi une énigme, et je répondrai, moi :
Cottleston, Cottleston, Cottleston Pie.

Bon, commençons par là – au fait:

— C'était très joli, Winnie. Merci bien.

— Pas de quoi.

Commençons par la première strophe: «*L'oiseau peut piailler, mais il n'est pas en paille.*» C'est limpide et évident, n'est-ce pas? Pourtant, vous seriez surpris de savoir combien de personnes violent ce principe simple chaque jour et vont chercher midi à 14 heures, sans prêter attention à cette vérité évidente: *les choses sont telles qu'elles sont.* À titre d'exemple, prenons quelques passages choisis de Tchouang-tseu:

Houei-tseu dit à Tchouang-tseu:

— J'ai un grand arbre, qu'aucun charpentier ne peut débiter en planches. Ses branches sont noueuses, son tronc tordu, robuste, et couvert de nœuds et de cavités. Nul menuisier ne lui accorde un seul regard. Tels sont tes enseignements: inutiles, sans aucune valeur. C'est pourquoi nul n'y prête attention.

— Comme tu le sais, lui répondit Tchouang-tseu, le chat est un fin chasseur. Il se tapit sur le sol, peut bondir dans n'importe quelle direction et poursuivre la proie de son choix.

Mais quand il est tout entier à sa chasse, il est facile de le prendre dans un filet. Au contraire, il est très difficile de maîtriser ou de capturer un énorme bœuf. Celui-ci se tient ferme comme un rocher, ou comme un nuage dans le ciel. Pourtant, malgré toute sa puissance, il est incapable d'attraper une souris.

Tu déplores que ton arbre ne puisse faire de bonnes planches. Mais tu pourrais t'abriter à son ombre, chercher du repos sous ses branches protectrices ou flâner en admirant sa stature et sa belle apparence. Puisqu'il ne subira pas les coups de la hache, qui donc pourra menacer son existence ? S'il te paraît inutile, c'est seulement parce que tu veux le transformer en quelque chose qu'il n'est pas au lieu d'en faire usage selon sa propre nature.

Autrement dit, chaque chose a sa place et sa fonction propres. C'est aussi le cas pour les gens, même si peu semblent en avoir conscience, prisonniers comme ils le sont d'un métier, d'une entreprise ou d'un mariage qui ne leur conviennent pas. Dès lors que vous connaissez et respectez votre propre Nature Intérieure, vous savez où est votre place. Et vous savez aussi où n'*est pas* votre place.

Le bonheur des uns fait le malheur des autres, et ce que certains considèrent comme séduisant ou excitant peut être un dangereux piège pour d'autres. Un incident de la vie de Tchouang-tseu peut nous servir d'exemple :

Un beau jour, alors qu'il se reposait sur la berge de la rivière P'ou, Tchouang-tseu fut abordé par deux ambassadeurs du prince de Tch'ou, qui lui offrirent un ministère à sa Cour. Tchouang-tseu garda les yeux rivés sur l'eau, comme s'il n'avait rien entendu. Puis il finit par déclarer :

— On m'a dit que le prince possède une tortue sacrée, vieille de plus de deux millénaires, qu'il garde à l'abri dans une boîte, enveloppée dans un brocart de soie.

— C'est la vérité, lui répondirent les ambassadeurs.

— Si on avait laissé le choix à cette tortue, poursuivit Tchouang-tseu, qu'aurait-elle préféré, selon vous ? Rester en vie et passer son existence dans la boue, ou périr pour être enterrée dans un palais ?

— Rester en vie dans la boue, assurément, rétorquèrent les envoyés.

— Eh bien, moi aussi, je préfère la boue. Adieu !
leur répondit Tchouang-tseu.

— Moi aussi, j'aime bien la boue, dit Winnie.

— D'accord… Mais quoi qu'il en soit…

— Par un beau jour d'été ? Il n'y a rien de
mieux, ajouta-t-il.

— Bon, mais ce que je voulais dire…

— La boue rafraîchit, dit-il.

— Ce n'est pas ce qui nous intéresse ici, Winnie.

— Comment ça ? s'écria-t-il avec une expression choquée.

— Ce que je veux dire, c'est que nous parlions
de…

— Comment peux-tu dire ça ? continua Winnie. As-tu déjà essayé ?

— Non, mais…

— C'est exactement ce qu'il te faut par un
beau jour d'été, m'interrompit-il en renversant la
tête, les yeux fermés. Aller au bord de la rivière et
se couvrir de boue…

— Écoute, Winnie…

— J'aime bien la boue, déclara Porcinet en
s'approchant du bureau. Elle donne plein de nouvelles couleurs à la peau.

— Je ne peux pas dire que j'apprécie tant cela, ajouta Maître Hibou en venant se percher sur la lampe. Elle colle aux plumes. Passablement désagréable.

— Vous voyez ? leur dis-je. Chacun est différent. C'est exactement ce que l'on disait.

— Je croyais qu'on parlait de la boue, répondit Porcinet.

— Moi aussi, ajouta Winnie.

— Bon, je dois retourner à mon encyclopédie, conclut Maître Hibou.

Passons, si vous le voulez bien, à la seconde strophe : « *Moi, je sais mal siffler ; un poisson ne peut pas.* » Une telle assertion venant d'un esprit éclairé par la sagesse signifierait : « *J'ai certaines limites et je les connais bien.* » Un tel esprit agirait en conséquence. Il n'y a aucun mal à être incapable de siffler, surtout si vous êtes un poisson. Mais vous pouvez rencontrer beaucoup de problèmes si vous tentez aveuglément d'accomplir ce pour quoi vous n'êtes pas faits. Si on leur laisse le choix, les poissons ne vivent pas dans les arbres et les oiseaux passent peu de temps sous l'eau. Malheureusement, certaines *personnes* – qui semblent toujours penser qu'elles sont plus intelligentes que les poissons et les oiseaux, étrangement – ne sont pas aussi sages et finissent par causer de gros ennuis à eux-mêmes et aux autres.

Cela ne veut pas dire que nous devons cesser d'évoluer et de nous améliorer. Cela signifie simplement que nous devons reconnaître *ce qui est*. Si vous admettez, par exemple, que vous avez une faible musculature, alors vous pouvez agir en conséquence et finir par devenir fort. Mais si vous ne tenez pas compte de ce qui est et tentez de pousser la voiture de quelqu'un hors du fossé, dans quel état vous retrouverez-vous bientôt ? Et même si vous étiez la personne la plus musclée sur Terre, vous seriez tout de même incapable de renverser une locomotive. Le sage connaît ses limites ; l'idiot les ignore.

Nul autre que Tigrou ne peut mieux illustrer ce que nous venons de dire car il ne connaît pas ses propres limites.

Oh, pardon. Il dit qu'il les connaît *maintenant*.

Eh bien, rappelons comment il s'est retrouvé forcé de reconnaître l'*une* d'elles, alors.

Petit Gourou et Tigrou traversaient la Forêt des Rêves bleus, un beau matin, et Tigrou évoquait toutes les choses que les Tigres peuvent faire…

— Peuvent-ils voler ? lui demanda Petit Gourou.

— Oui, lui répondit Tigrou, ils volent très bien,
les tigres, ça oui, ils volent sacrément bien.

— Ouah ! s'exclama Petit Gourou. Peuvent-ils
voler aussi bien que Maître Hibou ?

— Bien sûr, lui répondit Tigrou, c'est juste
qu'ils n'en ont pas envie.

Bon, cette discussion se poursuivit pendant un
moment puis ils arrivèrent aux Six Grands Pins.

— Moi, je sais nager, déclara Petit Gourou.
Un jour, je suis tombé dans la rivière et j'ai
nagé. Est-ce que les tigres savent nager ?

— Évidemment ! Les tigres savent tout faire.

— Est-ce qu'ils peuvent grimper aux arbres
aussi bien que Winnie ? lui demanda Petit Gourou en s'arrêtant sous le plus grand des pins,
les yeux levés.

— Grimper aux arbres est leur spécialité,
répondit Tigrou. Ils sont bien meilleurs que
n'importe quel Winnie.

Et avant qu'ils comprennent ce qui leur arrivait,
ils étaient tous deux coincés sur une branche du
grand pin. Bon ; tout cela n'était guère brillant.

Mais Winnie et Porcinet passaient justement par là. Évidemment, Winnie comprit tout de suite ce qui s'était passé. Enfin, peut-être pas *tout de suite…*

— Regarde, Porcinet : c'est un *Jagoular* ! s'écria Winnie.

— Qu'est-ce que ça fait, un *Jagoular* ? lui demanda Porcinet, en espérant que celui-ci ne ferait rien du tout.

— Il se cache parmi les branches et te tombe dessus quand tu passes sous l'arbre, répondit Winnie. C'est Jean-Christophe qui me l'a expliqué.

— Nous ferions peut-être mieux de ne pas passer sous cet arbre, Winnie. Au cas où ce *Jagoular* tombe et se blesse dans sa chute.

— Les *Jagoulars* ne se blessent jamais en tombant, répliqua Winnie. Ce sont de vrais tombeurs.

Porcinet ne pouvait s'empêcher de penser que passer sous un vrai tombeur était une grosse erreur et il était à deux doigts de prendre les jambes à son cou en prétextant d'avoir oublié quelque chose chez lui lorsque le *Jagoular* les héla.

— Au secours ! À l'aide ! cria-t-il.

— C'est exactement ce que font tous les *Jagoulars*, observa Winnie de plus en plus intéressé. Ils crient : « Au secours ! À l'aide ! » et quand tu lèves les yeux, ils te tombent dessus.

Mais après quelque temps, Jean-Christophe et Bourriquet finirent par les rejoindre et ils bricolèrent tous un filet de sauvetage. Petit Gourou sauta le premier et fut sauvé. Puis Tigrou sauta (enfin, presque)…

… et fut sauvé (enfin, presque) :

Il y eut un grand *patatras !* puis un énorme *scraaaaatch !* et tous se retrouvèrent par terre, jambes dessus-dessous.

Jean-Christophe, Winnie et Porcinet se relevèrent les premiers puis remirent sur pied Tigrou. Bourriquet était coincé sous les autres.

— Tu as mis tout le monde dans de beaux draps, n'est-ce pas, Tigrou?

— J'ai bien compris la leçon, ceci dit, répondit-il en détournant le regard.

— Vraiment? Tu en es sûr?

— Évidemment! Tu ne m'y reprendras plus à faire quelque chose comme ça! s'exclama-t-il en bombant le torse.

— Très bien, lui répondis-je. Tu vas quelque part?

— Oui. Petit Gourou et moi allons nous baigner.

— Ah. Eh bien, n'oublie pas de prendre une corde.

— Une corde? Pour quoi faire? s'étonna Tigrou.

— Oh, juste au cas où quelqu'un tombe à l'eau, rétorquai-je.

— Pourquoi donc n'y ai-je pas pensé *moi-même*? pesta Tigrou.

Un dicton tiré de la médecine chinoise a toute sa place ici : « *Une maladie, longue vie ; pleine santé, vie écourtée.* » Autrement dit, ceux qui connaissent leurs faiblesses et agissent en conséquence tendent à vivre bien plus longtemps que ceux qui se croient en parfaite santé et négligent leurs faiblesses. Donc, de ce point de vue du moins, une faiblesse peut vous rendre un grand service à condition que vous reconnaissiez son existence. Il en va de même pour les limites de chacun, y compris celles des Tigrous, qu'ils les reconnaissent ou pas – et généralement, ils ne les reconnaissent pas. C'est cela le vrai problème des Tigrous, voyez-vous : ils savent *tout* faire. C'est très dangereux.

Dès lors que vous faites face à vos limites et que vous les comprenez, vous pouvez œuvrer *avec* elles au lieu qu'elles travaillent contre vous et vous mettent des bâtons dans les roues – car que vous en ayez conscience ou non, c'est bien ce qu'elles font quand vous ne leur prêtez pas attention. Et quand vous découvrez cela, dans bien des cas, vos limites peuvent devenir vos atouts.

Par exemple, quand la maison de Maître Hibou s'effondra, qui donc fut capable de s'échapper malgré la lourde branche tombée en travers de la porte ? Qui donc passa par la seule ouverture praticable : la fente de la boîte aux lettres ?

Porcinet. Le tout petit Porcinet.

Passons à la dernière strophe de notre principe : « *Si le poulet le fait, je ne sais pas pourquoi.* » Pourquoi les poulets se comportent comme ils le font ? Vous l'ignorez ? Nous aussi, comme tout le monde. La science adore se donner des grands airs et agir avec intelligence en apposant des étiquettes sur tout, mais si vous les examinez attentivement, vous vous rendez compte qu'elles ne veulent pas dire grand-chose. «Les gènes»? «L'ADN»? Ils ne font que gratter le vernis. «L'instinct»? Vous savez bien ce que *ce mot* veut dire:

> — LE CURIEUX: Pourquoi les oiseaux migrent-ils quand l'hiver approche?
> — LE SCIENTIFIQUE: C'est l'instinct.

Ce qui veut dire: *«Nous n'en savons rien.»*

Ce qu'il faut retenir, c'est que nous n'avons pas *réellement* besoin de le savoir. Nous n'avons pas besoin d'imiter le Scientifique Myope qui épie le monde à travers son microscope électronique en quête de réponses qu'il n'obtiendra jamais et qui se retrouve avec davantage de questions à la fin. Nous n'avons pas besoin de jouer au Philosophe de l'Abstraction qui s'interroge sur des problèmes mineurs et conçoit des réponses sans queue ni tête. Ce dont nous avons besoin, c'est de reconnaître notre Nature Intérieure et d'œuvrer en harmonie avec les choses-telles-qu'elles-sont. Quand nous ne le faisons pas, nous nous attirons de gros problèmes.

Winnie et Porcinet s'en aperçurent lorsqu'ils essayèrent d'attraper un Éphalant. Ne sachant pas ce que mangent les Éphalants, Porcinet imagina qu'ils aimaient les glands et Winnie se dit… Attendez : vous vous rappelez ce qu'est un Éphalant, n'est-ce pas ?

Un jour, alors que Jean-Christophe, Winnie l'Ourson et Porcinet bavardaient, Jean-Christophe finit sa bouchée et lança, l'air de rien :

— J'ai vu un Éphalant aujourd'hui, Porcinet.

— Qu'est-ce qu'il faisait ? lui demanda Porcinet.

— Il fourrait son nez par-ci par-là, répondit Jean-Christophe. Je ne pense pas qu'il m'ait vu.

— J'en ai vu un aussi, une fois, déclara Porcinet. Enfin, je crois que c'en était un, ajouta-t-il. Sauf si ce n'en était pas un.

— Moi aussi, dit Winnie, qui se demandait à quoi pouvait bien ressembler un Éphalant.

— On n'en voit pas souvent, rétorqua négligemment Jean-Christophe.

— Pas en ce moment, en tout cas, dit Porcinet.

— Pas en cette saison, ajouta Winnie.

Voilà, c'est *cela* un Éphalant. Donc, Porcinet et Winnie se mirent en tête d'en attraper un. Tout partait comme sur des roulettes…

La première idée de Winnie, c'était de creuser un trou très profond puis d'attendre qu'arrive l'Éphalant qui serait tombé dedans et puis...

— Pourquoi ? lui demanda Porcinet.

— Pourquoi quoi ?

— Pourquoi tomberait-il dans le trou ?

Winnie se frotta le nez avec sa patte et lui répondit que l'Éphalant pourrait faire une promenade et fredonner une chanson en regardant le ciel pour savoir s'il allait pleuvoir ou non et qu'il ne verrait donc pas le trou très profond jusqu'au moment où il aurait les deux pattes dedans et qu'alors, il serait trop tard.

Porcinet déclara que c'était un très bon piège, ça oui, mais que faire s'il pleuvait déjà ?

Winnie se frotta à nouveau le nez et répondit qu'il n'avait pas pensé à cela. Puis son visage s'éclaira et il répondit que s'il pleuvait déjà, alors l'Éphalant regarderait le ciel pour savoir s'il allait se dégager, aussi ne verrait-il pas le trou très profond jusqu'au moment où il aurait les deux pattes dedans et qu'alors, il serait trop tard.

Porcinet déclara que, maintenant que ce point était éclairci, il trouvait le piège plus astucieux encore.

Winnie se sentit tout fier en entendant cela ; c'était comme si l'Éphalant était déjà capturé. Mais il y avait un détail auquel il n'avait pas encore réfléchi, et ce détail était : *Où donc fallait-il creuser le trou très profond ?*

Porcinet dit que le meilleur endroit était sûrement tout près d'un Éphalant juste avant qu'il ne tombe dedans, à un ou deux mètres devant lui.

— Mais il va nous voir creuser notre trou, rétorqua Winnie.

— Pas s'il regarde le ciel.

Cela semble facile, non ? Voyons. Tout d'abord, il faut creuser un trou…

… et s'assurer qu'il soit assez large et profond pour un Éphalant.

Et la meilleure façon de s'assurer qu'un Éphalant tombe dans votre piège une fois que vous
l'avez tendu, c'est de l'y attirer avec quelque chose
dont il raffole, comme un sachet de cacahuètes,
ou bien…

— Du miel, déclara Winnie.

— *Du miel* ?

— Un grand pot de miel, ajouta-t-il.

— Tu es sûr ?

— Un bon gros pot de miel ! insista-t-il.

— Où as-tu entendu que les Éphalants aimaient
le *miel* ? C'est tout collant et gluant… Comment
pourraient-ils…

— Il n'y a pas mieux, répondit Winnie en m'in-
terrompant.

D'accord, *du miel*. Vous placez votre pot au fond du piège et avant même de vous en apercevoir, vous avez attrapé un…

Bon. Quelque chose cloche : ce n'est pas un Éphalant. Mais qu'est-ce donc ? Porcinet va peut-être le découvrir en allant voir ce qui est tombé dans le piège.

— Au secours, au secours ! s'écria Porcinet, un Éphalant, un horrible Éphalant ! » Et il prit ses jambes à son cou en continuant de hurler : « À l'aide ! À l'aide ! Un herrible Apholant ! Au soucours, au soucours, un hellible Orélant ! Au soucors, au soucors, un néffible Héfarant ! » Et il continua de crier et de galoper jusqu'à ce qu'il atteigne la maison de Jean-Christophe.

— Mais qu'est-ce qui se passe, à la fin, Porcinet ? lui demanda Jean-Christophe qui venait de se lever.

— Un Éph, lui répondit Porcinet à bout de souffle, un Of, un Éph, un Éphalant !

— Où donc ?

— Là-bas ! dit Porcinet en agitant ses pattes.

— À quoi est-ce qu'il ressemble ?

— C'est comme, c'est comme… Ça a la plus grosse tête que tu aies jamais vue de ta vie, Jean-Christophe. Une grosse, une énorme chose-grosse-comme… Comme rien d'autre. Une gigantesque, une extraordinaire… Hum, c'est comme… Je ne sais pas… Extraordinairement énorme comme rien d'autre. Comme un gros pot.

Donc, ce n'était pas une si bonne idée d'utiliser du miel, semble-t-il. Cela ne colle pas vraiment à la Nature des Éphalants, bizarrement.

Maintenant que nous avons compris le principe, nous pouvons…

— Tiens, te voilà, Winnie.

— Humffumum *Cottleston Pie* Humffumum…

— Je te demande pardon ?

— Explique-leur Cottleston Pie – ce que cela veut dire, murmura-t-il en articulant un peu mieux.

— Je viens de le faire, lui répondis-je.

— Je veux dire : dis-leur ce que cela *représente*, précisa Winnie les yeux brillants.

— Oh, mais bien sûr. Merci, Winnie.

Winnie veut que nous sachions que les mots *Cottleston Pie* sont une façon de dire Nature Intérieure. Donc, en traduisant cette expression dans le dernier vers de chaque strophe de la chanson, nous lisons :

Pose-moi une énigme et je réponds cela :
« Nature Intérieure. »

Hum.

— *Cottleston Pie* sonne mieux, observa Winnie.
— Eh bien, que dis-tu de cela, alors ?

Pose-moi une énigme et je réponds cela :
« *Les Choses Sont Ce qu'Elles Sont.* »

— C'est mieux mais cela ne rime pas.
— Bon, et *cela*, alors ?

Pose-moi une énigme et je réponds cela :
« *Cottleston, Cottleston, Cottleston Pie.* »
— C'est parfait, déclara Winnie.

Maintenant que nous connaissons le principe, nous pouvons voir quelles sont ses applications. Comme nous l'avons sans doute compris à présent, il n'est pas deux flocons, deux arbres, deux animaux semblables. Il en va de même pour les humains. Chaque être a sa propre Nature Intérieure. Toutefois, à la différence des autres formes de vie, les hommes s'écartent facilement de ce qui est bon pour eux parce qu'ils ont un cerveau et que ce cerveau peut être trompé. La Nature Intérieure, dès lors qu'on s'appuie sur elle, ne peut pas être trompée. Mais nombre de personnes ne lui prêtent pas attention ni ne l'écoutent et, par conséquent, ne comprennent pas grand-chose à ce qu'ils sont. Et comme ils comprennent peu ce qu'ils sont, ils ont peu de respect envers eux-mêmes et sont donc aisément influençables.

Mais plutôt que d'être tributaires des événements et d'être manipulés par ceux qui sont capables de déceler nos faiblesses et les tendances comportementales dont nous n'avons pas conscience, nous pouvons œuvrer en harmonie avec les caractéristiques qui sont les nôtres et rester maîtres de nos propres vies. La voie de l'indépendance commence par le fait de reconnaître qui nous sommes, quelles sont nos forces et nos faiblesses, et ce qui nous convient le mieux.

— Comment expliquerais-tu cela, *toi* ?

— Avec une petite chanson, me répondit Winnie. Je viens justement d'en inventer une.

— Eh bien, à toi la parole.

— Avec plaisir… *Ahem.*

> *Comment pourrais-tu progresser*
> *Sans même savoir Qui Tu Es ?*
> *Et faire ce qui te convient*
> *Sans savoir Ce Que Tu Détiens ?*
> *Si tu ne sais choisir le Mieux*

Parmi tous les choix sous tes yeux,
Tu ne construiras à la fin
Qu'un méli-mélo incertain.
Si tu sais Qui tu es au fond,
Tout ce que tu fais sera bon.

— Et voilà, conclut-il en se renversant dans le fauteuil, les yeux fermés.

— Un vrai chef-d'œuvre.

— Bon, c'est un peu mieux que d'habitude, peut-être.

Tôt ou tard, nous sommes condamnés à découvrir en nous des choses que nous n'aimons pas. Mais dès lors que nous savons qu'elles sont là, nous pouvons décider d'en faire ce que nous voulons. Préférons-nous nous en débarrasser complètement, les transformer en quelque chose d'autre, ou en tirer profit pour accomplir de bonnes choses ? Les deux dernières approches se révèlent souvent particulièrement utiles car elles évitent la confrontation et minimisent donc les conflits. De plus, elles permettent d'ajouter ces caractéristiques transformées en qualités à la liste des choses qui peuvent nous aider.

De la même façon, plutôt que de lutter pour gommer ce que nous nous représentons comme des émotions négatives, nous pouvons apprendre à en tirer profit de façons positives. Nous pourrions formuler ainsi ce principe : s'il est vrai que taper comme un sourd sur les touches d'un piano ne produit que du vacarme, arracher ces mêmes touches ne nous aide pas davantage à composer un morceau. Et ce qui s'applique à la musique s'applique peut-être tout autant à la vie.

— Qu'en penses-tu, Winnie ?

— À propos de ? me demanda Winnie en ouvrant les yeux.

— La musique et la vie…

— C'est la même chose.

C'est bien ce que nous pensions. Aussi, plutôt que d'agir contre nous-mêmes, tout ce qu'il nous suffit de faire dans bien des cas, c'est d'orienter nos faiblesses et nos penchants déplaisants dans une direction différente.

L'histoire suivante, que nous rapporte le taoïste Liu An, illustre cette idée :

Dans le royaume de Tch'ou, un cambrioleur s'enrôla dans l'armée du général Tseu-fa, célèbre pour son talent remarquable à tirer profit des compétences de chacun.

Le royaume de Tch'ou fut bientôt attaqué par l'armée du royaume de Ts'i. Les hommes de Tseu-fa furent déployés pour contrer l'assaut mais par trois fois, ils furent repoussés. Les stratèges du royaume se trouvèrent démunis tandis que les forces adverses grandissaient chaque jour.

C'est alors que le cambrioleur sortit des rangs et demanda qu'on lui accorde une chance de contribuer à la défense de Tch'ou. Le général la lui accorda.

La nuit suivante, le cambrioleur se faufila dans le camp de l'armée adverse et pénétra dans la tente du général pour dérober les rideaux de son lit à baldaquin. Tseu-fa les renvoya à son ennemi le lendemain avec un courrier expliquant que ses hommes avaient trouvé les rideaux en allant chercher du bois.

La nuit suivante, le cambrioleur déroba l'oreiller du général ennemi. Le lendemain matin, celui-ci lui était rendu, accompagné d'un message similaire.

La troisième nuit, le cambrioleur vola l'épingle à cheveux en jade du général. Elle lui fut rendue le matin suivant.

Ce jour-là, le général du royaume de Ts'i convoqua ses officiers et s'écria : « *Cette nuit, ce sera ma tête qu'ils prendront !* » Puis il ordonna de lever le camp et de disperser l'armée.

Aussi n'existe-t-il pas de talent inutile, médiocre ou malhonnête. Tout dépend seulement de ce que vous en faites. Comme le dit Lao-tseu, le mal n'est que l'argile dans laquelle on peut pétrir le bien.

La plupart du temps, la façon la plus simple de se débarrasser d'un moins est donc de le transformer en plus. Parfois, vous vous rendez compte que les traits de caractère que vous tentez désespérément de chasser reviennent au galop. Mais si vous faites ce qu'il faut, alors ils reviendront pour le meilleur. Et parfois, ces défauts mêmes que vous détestez le plus peuvent se manifester au bon endroit et au bon moment et, d'une façon ou d'une autre, vous sauver la vie. Si cela vous est déjà arrivé, vous y réfléchirez à deux fois avant de complètement *débondir*.

Que signifie *débondir*? Eh bien, rappelez-vous cette histoire avec Tigrou…

— Comment diable es-tu tombé là, Bourriquet? lui demanda Coco Lapin en l'épongeant avec le mouchoir de Porcinet.

— Je ne suis pas tombé, lui répondit Bourriquet.

— Alors comment…

— On m'a BONDI dessus, répliqua Bourriquet.

— Oh! s'écria Petit Gourou, quelqu'un t'a poussé?

— Quelqu'un a BONDI sur moi. J'étais en train de réfléchir au bord de la rivière – réfléchir, si l'un d'entre vous sait ce que ça veut dire – quand j'ai reçu un violent BOND.

— Voyons, Bourriquet! s'exclamèrent-ils tous en chœur.

— Es-tu sûr que tu n'as pas plutôt glissé? lui demanda prudemment Coco Lapin.

— Bien sûr que si, j'ai glissé. Si tu te tiens sur une rive glissante et que quelqu'un vient te BONDIR violemment sur le dos, tu glisses. Que crois-tu que j'aie fait?

— Mais qui t'a fait cela? demanda Petit Gourou.

Bourriquet garda le silence.

— J'imagine que c'était Tigrou, lança nerveusement Porcinet.

— Mais Bourriquet, était-ce une plaisanterie ou un accident ? lui demanda Winnie. Je veux dire…

— Je n'ai pas pris le temps de demander, Winnie. Même tout au fond de la rivière, je n'ai pas pris le temps de me demander si c'était une bonne plaisanterie ou un regrettable accident. Je suis juste remonté à la surface et je me suis dit : « *Je suis tout mouillé.* » Si tu vois ce que je veux dire.

Aussi Coco Lapin concocta l'un de ses fameux plans afin d'empêcher à l'avenir Tigrou de bondir. Coco Lapin, Winnie et Porcinet devaient l'emmener quelque part au fond de la forêt, dans un endroit qui lui était inconnu, et le perdre là. Dès lors, il deviendrait un pauvre petit tigre penaud et perdrait le goût de bondir. Eh bien, c'était un sacré coup de génie, comme dirait Bourriquet, car, au final, Coco Lapin parvint à perdre tout le monde, y compris lui-même.

Pour être plus précis, tout le monde sauf Tigrou. Les tigres ne se perdent jamais, apparemment, même en plein brouillard et au fin fond de la forêt. Et comme la suite va nous le prouver, c'est une qualité bien utile.

En effet, même si Winnie et Porcinet finirent par retrouver leur chemin…

— Où est passé Coco Lapin ?

— Aucune idée, dit Winnie.

— Oh… Eh bien, j'imagine que Tigrou va le retrouver. Il est plus ou moins en train de tous vous chercher.

— Bon, dit Winnie, je dois rentrer chez moi car j'ai quelque chose d'important à faire et Porcinet aussi, et c'est vraiment important et…

— Je vous raccompagne et vous regarderai faire, dit Jean-Christophe.

Il raccompagna donc Winnie jusque chez lui et le regarda faire pendant un bon bout de temps… Et pendant tout ce temps, Tigrou arpentait la forêt de long en large et rugissait à l'envi pour se faire entendre de Coco Lapin. Enfin, c'est un pauvre petit lapin penaud qui l'entendit. Et le pauvre petit lapin penaud courut à travers le brouillard dans la direction des rugissements et tomba tout à coup sur Tigrou – un gentil Tigrou, un grand Tigrou, un Tigrou fort et serviable, un Tigrou qui bondissait, en fin de compte, de la plus belle manière qu'il lui était donné de bondir.

— Oh, Tigrou, je suis *tellement* content de te voir ! s'écria Coco Lapin.

Dans l'histoire du vilain petit canard, quand ce dernier cessa-t-il de se sentir vilain ? Lorsqu'il prit conscience qu'il était un cygne. Chacun de nous possède au fond de lui quelque chose de spécial, une sorte de cygne caché quelque part. Mais tant que nous n'en avons pas conscience, que pouvons-nous faire sinon patauger maladroitement dans la rivière ? Les Sages sont ce qu'ils sont. Ils agissent selon leurs moyens et accomplissent ce qu'ils peuvent accomplir.

Il y a des choses en nous dont nous avons besoin de nous libérer et d'autres que nous avons besoin de transformer. Mais en même temps, nous n'avons pas besoin de nous montrer trop acharnés, trop intransigeants ou trop agressifs. Sur la voie du bonheur et de l'utilité, beaucoup de ces choses se transformeront d'elles-mêmes et nous pourrons agir sur le reste chemin faisant. La première chose à faire, c'est de reconnaître notre Nature Intérieure et de lui faire confiance, sans jamais la perdre de vue. Car dans chaque vilain petit canard, il y a un cygne, tout comme dans chaque Tigrou bondissant, il y a un sauveteur qui connaît le chemin. Et en chacun de nous, il y a quelque chose de spécial que nous devons prendre soin de préserver.

Ils passèrent un long moment à contempler en silence la rivière qui coulait sous eux et celle-ci ne dit rien non plus car elle se sentait sereine et paisible en cet après-midi d'été.

— Il est plutôt bien, Tigrou, *vraiment*, dit Porcinet paresseusement.

— Bien sûr que oui, lui répondit Jean-Christophe.

— Tout le monde l'est, *vraiment*, ajouta Winnie. En tout cas, c'est ce que je pense, *moi*, mais j'ai sans doute tort.

— Bien sûr que non, lui répondit Jean-Christophe.

La Voie de Winnie

Le temps d'arriver jusqu'à l'orée de la forêt, le ruisseau avait grossi, jusqu'à devenir presque une rivière et, ayant grandi, il ne jaillissait plus, ne s'ébattait plus, ne sautillait plus comme quand il était plus jeune. Il se mouvait plus lentement à présent car il savait où il allait et il se disait en son for intérieur : « *Nul besoin de se précipiter. Nous y arriverons bien tôt ou tard.* »

Nous arrivons à présent à ce que nous pourrions appeler l'élément le plus caractéristique du Tao-en-action. En chinois, on le nomme *Wu Wei*. C'est également l'élément le plus caractéristique du Winnie-en-action. En français, on ne lui donne aucun nom en particulier. Nous pensons qu'il est temps que quelqu'un le remarque et le baptise ; nous l'appellerons donc la « Voie de Winnie ».

Wu Wei signifie littéralement « non-agir, non-provoquer, non-faire ». D'un point de vue pratique, il veut dire : « sans effort démesuré, agressif ou égoïste. » Le fait que le caractère *Wei* provienne des idéogrammes symbolisant une main crochue contractée et un singe en dit long puisque le terme *Wu Wei* exprime l'idée de ne pas s'opposer à la nature des choses, de ne pas chercher à les falsifier habilement, de ne pas les singer.

L'efficacité, la force de *Wu Wei* est semblable à celle de l'eau qui contourne les rochers qu'elle rencontre. Ce n'est pas une approche linéaire et mécanique, qui finit généralement par court-circuiter les lois de la nature ; au contraire, c'est un comportement qui évolue en fonction de la sensibilité intérieure au rythme naturel des choses.

Prenons en exemple ce passage de Tchouang-tseu :

> Aux Gorges de Lu-leang, la grande cascade s'abat sur des milliers de pieds et l'on peut voir son écume à des lieues de distance. À son point de chute, au sein des eaux bouillonnantes, nulle créature n'est visible.
>
> Un jour, Confucius se tenait à quelque distance de la cascade lorsqu'il vit un vieil homme surnager dans les flots turbulents. Il appela ses disciples et tous se précipitèrent au secours de la victime. Mais le temps d'arriver, le vieil

homme avait atteint la rive et s'en allait en sifflotant.

Confucius le rejoignit en courant :

— Seul un Esprit peut survivre à cela, lui dit-il, mais vous me paraissez bien humain. Quel pouvoir secret possédez-vous ?

— Aucun en particulier, lui répondit le vieil homme. J'ai commencé à apprendre quand j'étais très jeune et j'ai continué à m'entraîner en grandissant. À présent, je suis sûr de ne jamais échouer. Je coule avec l'eau et remonte avec elle. Je me laisse porter et je m'oublie moi-même. Je survis parce que je ne lutte pas contre la puissance supérieure des flots. Voilà tout.

Lorsque nous apprenons à œuvrer en harmonie avec notre Nature Intérieure et avec les lois de la nature qui nous entourent, nous parvenons à l'état de *Wu Wei*. Nous agissons alors en respectant l'ordre naturel des choses et nous tirons profit du principe de l'effort minimal. Puisque la nature suit ce même principe, elle ne commet jamais d'erreur. Les erreurs sont faites (ou imaginées) par l'homme, cette créature au cerveau trop plein qui se coupe du soutien que lui apporte le réseau des lois naturelles par ses interférences et ses efforts excessifs.

C'est faire tout l'inverse de Winnie, l'ourson *qui fait le moins d'efforts* que nous ayons jamais vu.

— Comment est-ce que tu fais cela, Winnie ?

— Faire quoi ? me demanda Winnie.

— Comment fais-tu pour *faire aussi peu d'efforts* ?

— Je ne *fais* pas grand-chose.

— Mais tu réussis tout ce que tu entreprends, repris-je.

— Disons que *les choses* arrivent d'elles-mêmes.

— Attends une minute. Voilà qui me rappelle un passage du *Tao te king*, lui répondis-je en cherchant l'ouvrage. Là, au chapitre 37. Traduit au pied levé, cela donne : « *Le Tao ne fait jamais rien ; pourtant, à travers lui, toutes choses se font.* »

— On dirait une devinette, observa Winnie.

— Cela veut dire que le Tao n'interfère pas avec les choses ou ne les force pas ; il les laisse agir par elles-mêmes, de la façon qui leur est propre, afin qu'elles produisent leur résultat de manière naturelle. Ainsi, tout ce qui doit être fait est fait.

— Je vois, dit Winnie.

— En chinois, ce principe se dirait *Wei Wu Wei* : « Agis sans agir. » De *Wei Wu Wei* découle

Tseu Jan: « De soi-même. » Cela signifie que les choses se produisent d'elles-mêmes, spontanément.

— Oh, je vois, répéta Winnie.

Pour prendre un exemple simple de la Voie de Winnie, rappelons ce qui arriva dans *La Maison de l'ours Winnie* quand ce dernier, Porcinet, Coco Lapin et Petit Gourou jouèrent aux « bâtons de Winnie ». Ils laissaient tomber leurs bâtons dans la rivière depuis le pont puis couraient sur le bord opposé pour voir lequel apparaîtrait le premier.

Et ce jour-là, ils attendirent un bon bout de temps quand soudain apparut…

Bourriquet. *Bourriquet ?*

— Je ne savais pas que tu jouais avec nous ! s'écria Petit Gourou.

— Je ne joue pas, répliqua Bourriquet.

— Bourriquet, alors, qu'est-ce que tu *fais* là ? lui demanda Coco Lapin.

— Je vais te proposer trois réponses. Est-ce que je creuse des trous dans le sol ? Non. Est-ce que je me balance dans les branches d'un chêne ? Non. Est-ce que j'attends que quelqu'un m'aide à sortir de l'eau ? Oui. Si on laisse un peu de temps à Coco Lapin, il trouvera toujours la bonne réponse.

Winnie eut alors une idée. S'ils lançaient de grosses pierres dans la rivière, alors ces pierres provoqueraient des vagues et les vagues pousseraient Bourriquet vers la berge. Coco Lapin pensa que c'était une bonne idée. Bourriquet, pas du tout.

— Et si jamais nous heurtons Bourriquet par erreur ? demanda Porcinet d'un ton inquiet.

— Et si jamais vous le ratiez par erreur ? répliqua Bourriquet. Réfléchis bien à tout ce qui peut arriver, Porcinet, avant de te préparer à t'amuser.

Mais Winnie avait déjà ramassé la plus grosse pierre qu'il pouvait porter et, la tenant bien entre ses pattes, se penchait par-dessus le pont.

— Je ne la lance pas, Bourriquet, je vais juste la lâcher, lui expliqua-t-il. Du coup, je ne peux pas rater – enfin, je veux dire que je ne peux pas te blesser. *Pourrais*-tu arrêter un peu de tourner ? Tu me donnes le tournis.

— Non, lui répondit Bourriquet, ça me plaît de tourner.

Coco Lapin commençait à se dire qu'il était grand temps qu'il prenne les commandes.

— Bon, Winnie, lui dit-il, quand je crierai « Maintenant ! », tu pourras la lâcher. Bourriquet, quand je crierai « Maintenant ! », Winnie lâchera sa pierre.

— Merci bien, Coco Lapin, mais je pense que je m'en rendrai compte tout seul.

— Tu es prêt, Winnie ? dit Coco Lapin. Porcinet, fais-lui un peu de place. Recule un peu, Petit Gourou. Tu es prêt ?

— Non, répondit Bourriquet.

— Maintenant ! cria Coco Lapin.

Winnie lâcha sa pierre. Il y eut un grand *Plouf !* et Bourriquet disparut…

… Ce fut un moment d'angoisse pour les spectateurs perchés sur le pont. Ils sondaient les flots de leurs regards… Et même l'apparition du bâton de Porcinet juste devant celui de Coco Lapin ne parvint pas à les réjouir autant que prévu. Soudain, au moment précis où Winnie commençait à se dire qu'il avait dû choisir la mauvaise pierre, la mauvaise rivière ou le mauvais jour pour mettre en œuvre son idée, quelque chose de gris apparut près de la rive… Cela se précisa, grossit et grossit… Et, enfin, cela se transforma en Bourriquet.

Ils se précipitèrent vers le rivage en criant puis le poussèrent et le tirèrent tant bien que mal. Il se retrouva bientôt parmi eux sur la terre ferme.

— Oh, Bourriquet, mais tu es *trempé* jusqu'aux os ! remarqua Porcinet en le touchant.

Bourriquet s'ébroua et demanda que quelqu'un explique à Porcinet ce qui arrive généralement quand on reste dans la rivière pendant un bon moment.

— C'est du beau travail, Winnie, dit Coco Lapin avec chaleur. C'était une bonne idée de notre part.

Comme d'habitude, l'intelligence s'attribue tout le mérite qu'elle peut. Mais l'artisan du succès, lorsque les choses marchent bien, ce n'est pas l'Esprit Intelligent. C'est l'esprit qui voit ce qu'il a en face de lui et qui s'accorde à la nature des choses.

Lorsque vous œuvrez avec *Wu Wei*, vous mettez une cheville ronde dans un trou rond et une cheville carrée dans un trou carré. Pas de stress, pas de conflit. Les désirs égoïstes, eux, tentent de forcer la cheville ronde à entrer dans le trou carré et la cheville carrée, dans le trou rond. L'intelligence tente, elle, de trouver la façon la plus habile de fabriquer une cheville : en faire une qui ne corresponde à aucun trou. La connaissance, enfin, tente de comprendre pourquoi les chevilles rondes entrent dans les trous ronds et non dans les trous carrés. *Wu Wei* ne tente rien du tout. Il ne réfléchit pas ; il se contente d'agir. Et quand il agit, il ne semble pas faire grand-chose. Mais les choses sont menées à bien.

— Un problème, Porcinet ?

— Le couvercle de ce pot est tout *collé*, s'exclama-t-il à bout de souffle.

— Oui, il est *drôlement… collé*, en effet ! Tiens, Winnie, essaie de l'ouvrir, *toi*.

POP !

— Merci, Winnie ! s'écria Porcinet.

— Pas de quoi, lui répondit Winnie.

— Comment as-tu réussi à ouvrir ce pot ? lui demanda Tigrou.

— C'est facile, dit Winnie. Tu n'as qu'à le tourner dans ce sens-là jusqu'à ce que tu n'y arrives plus. Tu prends alors une grande inspiration et, en expirant d'un coup, *tu tournes à nouveau*. Voilà tout.

— Laisse-moi essayer ta technique ! s'écria Tigrou en bondissant dans la cuisine. Où as-tu rangé le nouveau pot de cornichons ? Ah, le voilà !

— Tigrou, lança nerveusement Porcinet, je pense que tu ferais mieux de…

— Rien du tout, rétorqua Tigrou. Tu tournes simplement et puis…

CRASH!

— Bon, Tigrou, lui dis-je, ramasse les cornichons par terre, maintenant.

— Il m'a glissé des mains, dit-il.

— Il y est allé trop fort, ajouta Winnie.

Et quand vous y allez trop fort, cela ne marche pas. Essayez d'attraper quelque chose à la fois vite et bien avec un bras tendu. Réessayez ensuite en relâchant vos muscles. Tentez donc d'accomplir quelque chose avec un esprit aussi tendu. La plus sûre manière d'être tendu, maladroit et confus, est de développer un esprit qui essaie trop fort – un esprit qui pense trop. Les animaux de la Forêt des Rêves bleus ne réfléchissent pas excessivement ; ils se contentent d'Être. Mais pour un nombre incalculable de personnes, et en détournant les propos d'un vieux philosophe occidental, cela devient : « Je pense, donc je suis *Confus*. » Si vous comparez la ville à la forêt, vous commencerez peut-être à vous demander pourquoi *l'homme* continue à se considérer comme l'espèce supérieure.

— Supérieure à quoi ? me demanda Winnie.

— Je l'ignore, Winnie. J'ai bien essayé de chercher mais je n'arrive pas à trouver de réponse.

— Si les humains étaient supérieurs aux animaux, ils prendraient davantage soin de notre planète, fit-il remarquer.

— C'est bien vrai, lui répondis-je.

Mais au fil des siècles, l'homme a développé une pensée qui le sépare de la réalité, c'est-à-dire des lois de la nature. Son esprit en fait trop, s'épuise lui-même et finit par devenir faible et négligent. Un tel esprit, même s'il est brillant, ne peut qu'être inefficace. Il erre de-ci de-là, fait deux pas en avant et trois en arrière, et n'arrive pas à se concentrer sur ce qu'il est en train de faire. Il fonce à travers les rues dans son bolide et pense déjà au moment où il sera au supermarché, vérifiant mentalement sa liste de courses. Après, il se demande pourquoi il y a des accidents de la route.

Lorsque vous œuvrez avec *Wu Wei*, il ne vous arrive jamais de véritable accident. Les choses peuvent vous sembler parfois un peu étranges mais elles finissent toujours par aboutir. Vous n'avez pas à vous efforcer de les faire aboutir; vous les *laissez* simplement *faire*. Rappelons-nous par exemple la recherche de Petit.

Petit – qui est apparemment un diminutif de « Tout Petit Scarabée » – disparut un jour derrière un buisson d'ajoncs. Nul ne savait ce qu'il lui était arrivé.

Ainsi commença la recherche et bientôt, tout le monde faisait de gros efforts pour retrouver Petit. Tout le monde, bien évidemment, agissait sous les ordres de Coco Lapin. Tout le monde, bien évidemment, sauf Winnie :

> *BOUM!*
> — Ouille! couina quelqu'un.
> « *C'est drôle*, se dit Winnie. *J'ai dit "Ouille!" sans vraiment ouiller.* »

— À l'aide ! piailla une petite voix.

« *Voilà que je recommence ! se dit Winnie. Je viens d'avoir un accident, je suis tombé dans un puits et ma voix est devenue tout aiguë et prend la parole avant même que je sois prêt. Je dois m'être cassé quelque chose à l'intérieur. Zut !* »

— Au secours, à l'aide !

« *Et voilà ! Je parle même quand je n'essaie pas. Je dois donc avoir eu un très grave accident.* » Puis il se dit que, s'il essayait réellement de parler, il n'y arriverait sans doute pas. Alors, pour en être sûr, il cria bien fort :

— Un très grave accident est arrivé à Winnie l'Ourson !

— Winnie ! piailla la voix.

— Mais c'est Porcinet! s'exclama vivement Winnie. Où es-tu?

— En dessous, répondit Porcinet d'une voix étouffée.

— En dessous de quoi?

Bon, après avoir résolu ce mystère-*là*…

— Winnie! s'exclama Porcinet. Quelque chose est en train de monter sur ton dos!

— Je me disais bien qu'il y avait quelque chose, remarqua Winnie.

— Mais c'est Petit! s'écria Porcinet.

Ceux qui agissent selon la Voie de Winnie voient ce genre de choses leur arriver tout le temps. C'est difficile à expliquer, sinon par un exemple, mais cela marche réellement. Les choses se produisent exactement comme il le faut et quand il le faut. Du moins, elles le font quand vous les *laissez* faire, quand vous œuvrez *avec* les circonstances au lieu de dire : « *Non, ce n'est pas supposé se passer ainsi* » puis essayez de tout faire pour qu'elles se déroulent autrement.

Si vous vous mettez au diapason de la façon dont les choses fonctionnent, alors elles fonctionnent comme elles le doivent, quel que soit votre avis sur la question à ce moment-là. Plus tard, vous y repensez et vous vous dites : « *Oh, je comprends à présent. Ceci devait se produire ainsi pour que cela puisse se produire, et ces choses-là devaient arriver afin que cette autre chose se produise…* » Puis vous comprenez que même si vous aviez tenté de tout planifier à la perfection, vous n'auriez pu faire mieux et que si vous aviez fait de *gros* efforts, vous n'auriez réussi qu'à tout gâcher.

Prenons un autre exemple de la façon dont les choses se résolvent : la fête d'anniversaire de Bourriquet préparée par Winnie et Porcinet.

Winnie découvrit un jour, après que Bourriquet l'eut mis au courant, que c'était l'anniversaire de ce dernier. Aussi Winnie décida-t-il de lui offrir quelque chose. Il revint chez lui et prit un pot de miel afin de le lui offrir comme cadeau d'anniversaire. Il en discuta avec Porcinet, qui décida d'offrir à Bourriquet un ballon gonflable qu'il avait gardé d'une fête précédente. Et pendant que Porcinet allait chercher son ballon, Winnie se dirigea vers la maison de Bourriquet avec son pot de miel.

Mais après quelque temps, il commença à avoir faim.

Il s'assit donc pour faire une pause et dévissa le couvercle de son pot de miel : « *Heureusement que je l'ai pris avec moi ! se dit-il. Beaucoup d'ours sortant par une si chaude journée n'auraient jamais pensé à prendre un petit quelque chose à grignoter avec eux.* » Puis il commença à manger. « *Bon, voyons voir* », se dit-il après avoir donné un dernier coup de langue à l'intérieur du pot de miel, « *où allais-je, déjà ? Ah oui, Bourriquet.* » Il se leva lentement.
Et tout à coup, il se souvint. Il venait d'engloutir le cadeau de Bourriquet !

Du moins, la plus grande partie. Heureusement, il lui restait le *pot*. Et comme il était justement à l'orée de la Forêt des Rêves bleus, il alla voir Maître Hibou pour qu'il lui écrive

« *Joyeux Anniversaire !* » dessus. Après tout, il était drôlement chouette, ce pot, même vide.

Pendant ce temps-là, Porcinet était retourné chez lui chercher son ballon pour Bourriquet. Il le tint tout serré contre lui, afin que le vent ne l'emporte pas, et il courut à toutes jambes chez Bourriquet afin d'y arriver avant Winnie. C'est qu'il aurait aimé être le premier à offrir un cadeau à Bourriquet pour donner l'impression qu'il y avait pensé de lui-même, sans l'aide de personne. Et tandis qu'il courait en imaginant à quel point Bourriquet allait être content, il ne regardait pas devant lui… Tout à coup, il mit le pied dans un terrier de lapin et s'étala de tout son long.
*BANG !!! ??? ***!!!*

Eh bien, après la chute de Porcinet sur son ballon pour Bourriquet, celui-ci n'était plus si… Bon, il était plus… C'est-à-dire qu'il était…

— Un *ballon* ? s'écria Bourriquet. Tu viens de dire : un ballon ? L'une de ces grandes choses colorées que l'on gonfle ? Gaîté, banderoles et cotillons, nous-sommes-arrivés et nous-y-voilà ?

— Oui, mais je crains – oh, Bourriquet, pardonne-moi –, je crains d'être tombé dessus alors que je courais te l'apporter.

— Eh bien, mon pauvre, quelle poisse ! J'imagine que tu courais trop vite. Tu ne t'es pas blessé, au moins, petit Porcinet ?

— Non, mais je, mais je… Oh, Bourriquet, j'ai fait éclater ton ballon !

Il y eut un très long silence.

— *Mon* ballon ? dit enfin Bourriquet.

Porcinet acquiesça.

— Mon ballon d'anniversaire ?

— Oui, Bourriquet, lui répondit Porcinet en pleurnichant. Le voilà. Avec… Avec tous mes meilleurs vœux d'anniversaire.

Et il lui tendit un misérable petit morceau de caoutchouc.

— C'est ça mon ballon? s'exclama Bourriquet, un peu surpris.

Porcinet acquiesça.

— Mon cadeau?

Porcinet hocha à nouveau la tête.

— Mon ballon?

C'est alors qu'arriva Winnie.

— Je t'ai apporté un petit cadeau, s'exclama Winnie tout excité.

— J'en ai déjà eu un, lui répondit Bourriquet.

Winnie avait traversé le ruisseau pour rejoindre Bourriquet et Porcinet était assis un peu à l'écart, la tête entre ses pattes, en reniflant.

— C'est un Pot Pratique, ajouta Winnie. Le voilà. Et il y a écrit dessus: «*Un Très Joyeux Anniversaire, avec les meilleurs vœux de Winnie.*» C'est ce qui est écrit dessus. Tu peux ranger plein de choses dedans. Tiens!

Bourriquet découvrit alors que le ballon de Porcinet, qui n'était plus aussi gros que ce dernier, pouvait sans problème être rangé dans le Pot Pratique et transporté partout où on en a besoin, ce qui n'est certainement pas possible avec un ballon classique…

— Je suis vraiment content, dit Winnie avec enthousiasme, d'avoir pensé à t'offrir un Pot Pratique pour y ranger des choses.

— Je suis vraiment content, dit Porcinet avec enthousiasme, d'avoir pensé à t'offrir quelque chose à ranger dans le Pot Pratique.

Mais Bourriquet ne les écoutait plus. Il sortait son ballon du pot puis l'y remettait, aussi heureux qu'il pouvait l'être…

Donc tout est bien qui finit bien.

Dans sa plus pure essence, *Wu Wei* est indéfinissable et pratiquement invisible car il devient un réflexe. Pour reprendre Tchouang-tseu, l'esprit de *Wu Wei* « *est fluide comme l'eau ; réfléchit comme un miroir ; répond comme un écho* ».

Exactement comme Winnie.

— *Hum-hum.* Je viens de dire : « Exactement comme Winnie. »

— Qu-quoi ? s'exclama Winnie, réveillé en sursaut et manquant de tomber de sa chaise. Qu'est-ce qui est comme qui ?

— Qu'est-ce qui est fluide comme l'eau, réfléchit comme un miroir et répond comme un écho ?

— Tiens, une devinette ! s'exclama Winnie. J'ai droit à combien d'essais ?

— Oh, je n'en sais rien. Voyons simplement ce que tu vas répondre.

— Qu'est-ce que cela peut bien être ? marmonna-t-il. « *Est fluide comme l'eau…* »

Lorsque vous utilisez *Wu Wei*, vous vous adaptez aux circonstances et êtes à l'écoute de votre intuition : « *Ce n'est pas le bon moment pour faire* ceci. *Je ferais mieux de faire* cela. » Aussi simple que ça. Quand vous agissez ainsi, les autres vous disent parfois que vous avez un don ou un sixième sens. Mais tout se résume en réalité au fait d'être sensible aux circonstances. Et c'est naturel. Ce qui est vraiment étrange, c'est de *ne pas* l'être.

L'un des aspects les plus pratiques de cette sensibilité aux circonstances est de ne pas avoir à prendre tant de décisions difficiles. Vous n'avez qu'à les laisser se prendre d'elles-mêmes.

Par exemple, dans *La Maison de l'ours Winnie*, Winnie se promène par une belle journée et essaie de choisir auquel de ses amis il va rendre visite. Il peut aller voir Bourriquet, qu'il n'a pas vu depuis la veille, ou Maître Hibou, qu'il n'a pas vu depuis l'avant-veille, ou encore Grand Gourou, Petit Gourou et Tigrou, qu'il n'a pas vus depuis un certain temps. Comment fait-il son choix ? Il va s'asseoir sur une pierre au beau milieu du ruisseau et entonne une chanson.

Puis il se remet en route et se dit qu'il pourrait rendre visite à Coco Lapin lorsqu'il se retrouve soudain devant sa propre maison. Alors il entre chez lui, va chercher quelque chose à manger et ressort pour aller voir Porcinet.

Voilà ce qui se produit quand vous suivez la Voie de Winnie. Rien de plus simple. Jamais de problème, jamais de migraine. Et…

— Un ruisseau? me demanda Winnie.

— Je te demande pardon?

— La réponse à ta devinette. Un *ruisseau* est fluide comme l'eau, réfléchit comme un miroir…

— Mais il ne répond pas comme un écho, fis-je observer.

— Bien sûr que si, rétorqua Winnie.

— Eh bien, tu n'es *pas loin* de la solution. Enfin, en quelque sorte. Je crois.

— Donne-moi encore une minute, alors, dit Winnie.

L'approche *Wu Wei* pour résoudre les conflits s'exprime dans l'art martial taoïste du taï-chi-chuan. Ce dernier repose sur l'idée d'épuiser son opposant en lui renvoyant sa propre énergie ou en la déviant afin de l'affaiblir, de le déséquilibrer et de briser sa garde. On n'y oppose jamais la force à la force ; on la vainc en cédant devant elle.

— « *Est fluide comme l'eau, réfléchit comme un miroir…* », marmonna Winnie en faisant les cent pas.

— Tu réfléchis trop, Winnie, lui dis-je. Je vais te donner un indice ; cela t'aidera peut-être.

— Je l'espère. Cette devinette commence à m'ennuyer, me répondit Winnie.

— Bon. Pour la résoudre, il faut que tu laisses ton esprit être fluide et *réfléchir* ce qu'il voit. Il peut alors *te donner* la bonne réponse. Tu as compris ?

— Non, rétorqua Winnie.

— Bon, eh bien…

— Voyons voir… «*Est fluide comme l'eau…*», se remit à marmonner Winnie.

On peut comprendre facilement le principe du *Wu Wei* qui sous-tend le taï-chi-chuan en essayant de frapper un bouchon de liège qui flotte sur l'eau. Plus vous le frappez fort, plus il cède devant vous; et plus il cède en s'enfonçant dans l'eau, plus il revient vite à la surface. Ce bouchon peut facilement vous épuiser sans lui-même dépenser d'énergie. Donc, *Wu Wei* vainc la force en neutralisant sa puissance plutôt qu'en aggravant le conflit. Avec d'autres approches, vous iriez combattre le feu par le feu mais avec *Wu Wei*, vous combattez le feu par l'eau.

— Ça y est, j'ai trouvé! s'exclama Winnie. C'est un bouchon en liège!

— Pourquoi donc?

— Il répond comme un écho! dit-il triomphalement.

— Mais il n'est pas fluide comme l'eau ni ne réfléchit comme un miroir, lui répondis-je.

— Oh. C'est vrai, reconnut Winnie.

— Bon, je ferais mieux de te donner la réponse. C'est la Voie de Winnie.

— Comment ça ?

— C'est la réponse, ajoutai-je.

— Oh. Ce n'était pas une très bonne devinette, dit Winnie.

— D'accord. Proposes-en une, alors.

— Avec plaisir. Qu'est-ce qui est noir et blanc, et rouge tout autour ?

— Oh non. Pas cette devinette-*là*…

— Tu la connais déjà ? me demanda Winnie un peu surpris.

— Évidemment, elle existe depuis longtemps. Tout le monde connaît la réponse : c'est un journal.

— Non, rétorqua Winnie.

— Un zèbre qui rougit, alors ?

— Non plus.

— Eh bien, dans ce cas…

— Tu donnes ta langue au chat ? me demanda Winnie plein d'espoir.

— Très bien, je donne ma langue au chat. Qu'est-ce qui est noir et blanc, et rouge tout autour ?

— Un pingouin qui a pris un coup de soleil.

— Winnie, cette devinette est stupide.

— Elle est toujours meilleure que la tienne, me répondit-il.

— Bon, alors en voici une autre. Elle concerne le contraire de la Voie de Winnie. Qu'est-ce qui court partout à longueur de journée sans jamais aller nulle part ?

— Un lapin ? dit Winnie.

— C'est *presque* cela.

— Oh, j'ai trouvé ! C'est un…

Mais gardons *cela* pour le chapitre suivant.

Rviend'suite Tréoccupé

Coco Lapin se hâtait à l'orée de la Forêt des Rêves bleus, bombant de plus en plus le torse, et il se retrouva bientôt au pied de l'arbre où vivait Jean-Christophe. Il frappa à la porte, l'appela deux ou trois fois puis fit quelques pas en arrière et, levant sa patte devant ses yeux pour les protéger du soleil, scruta la cime de l'arbre. Il en fit enfin le tour en criant à tue-tête «Coucou!», «C'est moi, Coco Lapin!», mais cela n'eut pas davantage d'effet. Il s'arrêta pour écouter les environs et tout s'arrêta pour écouter avec lui, car la forêt était sereine, paisible et calme en ce jour ensoleillé. Soudain, à cent lieues au-dessus de lui, une alouette se mit à chanter.

— Flûte! s'exclama Coco Lapin. Jean-Christophe est sorti.

Il revint à la porte d'entrée verte pour en être bien sûr et s'apprêtait à repartir, tout dépité par sa matinée ainsi gâchée, lorsqu'il vit un bout de papier par terre. Il était percé d'une épingle, comme s'il avait été auparavant accroché à la porte.

— Ha! s'écria Coco Lapin, se réjouissant à nouveau. Une autre note!

Et voici ce qu'il lut :

> *SORTI*
> *RVIEND'SUITE*
> *TRÉOCCUP*
> *RVIEND'SUITE.*
> *J.-C.*

Coco Lapin ignorait ce qu'était un Rviend'suite (bien qu'il en fût un lui-même), aussi alla-t-il se renseigner auprès de Maître Hibou. Ce dernier n'en savait pas plus. Mais nous, nous pensons le savoir et nous pensons que beaucoup de personnes le savent également. Tchouang-tseu en offre une description assez juste :

> Il y avait un homme qui détestait voir son ombre et les empreintes de ses pas. Il décida donc de les semer et se mit à courir. Mais plus il courait, plus il voyait de nouvelles empreintes apparaître, et son ombre semblait n'avoir aucun mal à le suivre à la trace. Pensant qu'il courait trop lentement, il se mit à accélérer et

à accélérer jusqu'au moment où il s'effondra, épuisé, pour ne plus se relever.

S'il s'était tenu immobile, il n'aurait fait apparaître aucune empreinte. S'il s'était reposé à l'ombre, son ombre aurait disparu.

En fait, nous pouvons croiser des Rviend'suite presque partout où nous allons. Pratiquement tous les jours où il fait à peu près beau, nous les voyons galoper dans les parcs publics en produisant toutes sortes de halètements sonores. Alors que vous êtes tranquillement en train de piqueniquer sur l'herbe, vous vous apercevez soudain qu'un ou deux Rviend'suite viennent de piétiner votre déjeuner.

En général, cependant, vous êtes à l'abri dans la nature parmi les arbres et les fleurs car les Rviend'suite ont tendance à les éviter. Ils préfèrent s'époumoner à courir sur l'asphalte et le ciment pour imiter ces machines de transport éphémères pour lesquelles ces dures surfaces ont été aménagées. Tout en inhalant les gaz d'échappement toxiques des véhicules qui font des embardées pour les éviter, les Rviend'suite jacassent entre eux et répètent combien ils se sentent mieux d'être ainsi au Grand Air. Ils appellent cela : « Vivre au Naturel ».

Le Rviend'suite Tréoccupé est presque frénétiquement actif. Si vous l'interrogez sur ses centres d'intérêt, il vous donnera une liste d'activités physiques comme :

— Le deltaplane, le tennis, la course à pied, le squash, le ski, la natation et le ski nautique.

— C'est tout ?

— Oui, je *crois*, répond le Rviend'suite en reprenant son souffle.

— As-tu déjà essayé de rattraper les voitures ?

— Non, je… Non, jamais.

— Et de faire du judo avec des crocodiles ?

— Non… Mais j'en rêve, cependant.

— Et de faire du skateboard dans les escaliers ?

— Non, je n'y avais jamais pensé.

— Tu disais pourtant que tu étais *actif*.

À ce moment-là, le Rviend'suite vous répond, l'air pensif :

— Dis-moi… Tu crois qu'il y a quelque chose… qui ne va pas chez moi ? Je manque peut-être d'énergie.

Après un certain temps, peut-être.

Le Rviend'suite athlétique – l'une des nombreuses espèces communes – se dit soucieux de sa forme physique. Mais pour d'obscures raisons, il considère cela comme quelque chose qu'il faut imposer brutalement de l'extérieur et non développer de l'intérieur. Aussi confond-il l'exercice et le *travail*. Il travaille quand il travaille, il travaille quand il s'entraîne et, bien souvent, il travaille quand il joue. Boulot, boulot, boulot. Tant de travail et si peu de jeu font du Rviend'suite un être bien ennuyeux. Et sur le long terme, cela en fait un mort, aussi.

Tiens, voici Coco Lapin.

— Salut, Coco. Quoi de neuf?

— Je reviens tout juste de chez Maître Hibou, me répond Coco Lapin, le souffle court.

— Ah oui? Tu es parti pendant un long moment.

— Eh bien… Maître Hibou a insisté pour me raconter la vie de son Grand-Oncle Philibert.

— Ah, *c'est* pour ça!

— Quoi qu'il en soit, Maître Hibou dit qu'il n'a pas vu le Bloc de Bois brut, lui non plus, mais que Petit Gourou est sans doute en train de jouer avec. Alors j'ai fait un détour par la maison de Grand Gourou mais il n'y avait personne.

— Ils sont partis dans la forêt pour s'entraîner au saut avec Tigrou, lui répondis-je.

— Oh, d'accord. Je ferais mieux d'y aller, alors.

— Ce n'est pas la peine, Coco Lapin, parce que…

Déjà parti ? Voilà la réalité : pas de repos pour le Rviend'suite.

Formulons-le ainsi : si vous voulez être en bonne santé, détendu et heureux, observez simplement ce que fait un Rviend'suite Tréoccupé et faites exactement le contraire. Prenez celui-ci : il fait les cent pas, fait tinter sa monnaie dans sa poche et jette des regards nerveux à sa montre. Il vous fatigue rien qu'à le regarder. Le Rviend'suite chronique semble toujours devoir *aller* quelque part, du moins d'un point de vue physique et superficiel. Il ne part jamais se *promener*, cependant ; il n'en a pas le temps.

> — Ce n'est pas une conversation, dit Bourriquet. Il n'y a pas eu l'un d'abord puis l'autre ensuite. Tu as dit « *Salut !* » sans t'arrêter. J'ai vu ta queue qui s'éloignait alors que j'étais en-

core en train de réfléchir à ma réponse. J'avais pensé à répondre « *Quoi ?* » mais, évidemment, il était déjà trop tard.

— Bon, j'étais pressé.

— Ce n'était pas un échange, poursuivit Bourriquet. Ce n'était pas un partage de pensées : « *Salut !* — *Quoi ?* »… Je veux dire, cela ne te mène nulle part, surtout si seul l'arrière-train de ton interlocuteur est visible pour la seconde partie de la conversation.

Le Rviend'suite Tréoccupé est toujours en train de Cavaler, semble-t-il. Il est toujours :

SORTI
REVIENS DE SUITE
TRÈS OCCUPÉ
REVIENS DE SUITE

Ou, pour être plus précis :

ABSENT
BIENTÔT PARTI
TRÈS OCCUPÉ
BIENTÔT PARTI

Le Rviend'suite Tréoccupé va toujours *quelque part*, quelque part où il n'est jamais allé. N'importe où, en fait, sauf là où il se trouve.

— C'est exactement cela, dit Coco Lapin. Mais où ?

— Il cherche peut-être quelque chose.

— Quoi donc ? demanda Coco Lapin.

— Tu m'ôtes les mots de la bouche, lui répondit Winnie.

Puis il ajouta :

— Peut-être cherche-t-il… cherche-t-il…

Une récompense, peut-être. La religion de nos Rviend'suite Tréoccupés, leur science et leur éthique professionnelle ont tout fait pour nous convaincre qu'une grande récompense nous attend quelque part et qu'il nous faut passer notre vie à travailler comme des fous pour la mériter. Qu'elle soit là-haut dans le ciel, dans la prochaine molécule à découvrir ou à l'étage de la direction générale, elle est toujours un peu plus loin sur notre route – juste au coin de la rue ou à l'autre bout du monde, sur la face cachée de la Lune, au-delà des astres…

— Ouille! s'exclama Winnie en tombant par terre.

— Voilà ce qui arrive quand on s'endort sur le bord du bureau: on tombe, lui dis-je.

— C'est tant mieux.

— Pourquoi cela?

— Je faisais un horrible cauchemar, dit-il.

— Vraiment?

— Oui. J'avais trouvé un pot de miel…, expliqua-t-il en se frottant les paupières.

— En quoi est-ce si horrible?

— Il bougeait tout le temps. Je n'arrivais pas à l'attraper. Les pots de miel ne font pas ça, normalement. Ils sont *censés* rester tranquilles.

— Oui, évidemment.

— Mais dès que je tendais la main vers le pot de miel, il s'éloignait.

— Ce n'était qu'un cauchemar, lui dis-je. Beaucoup de gens font ce genre de rêves, ajoutai-je pour le rassurer.

— Ah bon? Des cauchemars avec des pots de miel impossibles à attraper?

— Le même genre de cauchemars, en tout cas. Ce n'est pas rare. Ce qui est vraiment étrange, par contre, c'est que certaines personnes *vivent* ainsi.

— Pourquoi ? me demanda Winnie.

— Je n'en sais rien. Parce que cela leur donne quelque chose à faire, j'imagine.

— Ça ne m'a pas l'air très amusant, observa Winnie.

Oh non, ça ne l'est pas. Une manière de vivre qui nous répète : «*Au prochain coin de rue ! À l'étape suivante !*» s'oppose à l'ordre naturel des choses et nous empêche tant d'être bons et heureux que rares sont ceux qui parviennent à revenir à ce qu'ils auraient été, à l'origine, naturellement (bons et heureux). Les autres abandonnent et se laissent tomber sur le bas-côté de la route en maudissant le monde, lui qui n'est pourtant pas responsable mais est là, au contraire, pour leur montrer le chemin.

Ceux qui s'imaginent que, dans la vie, les récompenses se trouvent quelque part au pied de l'arc-en-ciel…

— … font souvent brûler leurs tartines, m'interrompit Winnie.

— Je te demande pardon ?

— Ils font souvent brûler leurs tartines, répéta-t-il.

— Ils… Ma foi, oui. Et pas seulement cela…

— Tiens, voilà Coco Lapin ! s'exclama Winnie.

— Ah, vous voilà ! dit Coco Lapin.

— Nous voilà, répéta Winnie.

— Oui, nous sommes là, ajoutai-je.

— Et te voilà toi, dit Winnie.

— Oui, oui, me voilà moi, répliqua Coco Lapin avec impatience. Arrêtons de tourner autour du pot : Petit Gourou m'a montré son jeu de blocs de bois et ils sont tous peints avec des lettres gravées dessus.

— Ah bon ? dis-je.

— C'est exactement ce à quoi *tout le monde* s'attend, en fait, observa Coco Lapin en se caressant les moustaches d'un air pensif. Donc, par élimination, ça veut dire que c'est Bourriquet qui l'a.

— Mais, Coco Lapin, vois-tu…, commençai-je.

— Oui, me coupa Coco Lapin, je vais aller voir Bourriquet et lui tirer les vers du nez. C'est clairement la chose à faire.

— Et le voilà reparti, observa Winnie.

Si l'on regarde quelques années en arrière, on observe que les premiers Rviend'suite Tréoccupés de cette partie du monde, les colons puritains d'Amérique, se tuaient pratiquement au travail des champs sans même recevoir grand-chose en échange de leurs efforts colossaux. En fait, ils mouraient de faim jusqu'à ce que des autochtones, plus sages qu'eux, leur montrent deux ou trois trucs pour travailler en harmonie avec les rythmes de la nature. Plante tes graines à ce moment-là ; repose-toi à celui-ci. Laboure ce jour-ci ; laisse ton champ tranquille ce jour-là.

Les puritains ne comprirent jamais vraiment la seconde partie du conseil, ni ne la crurent. Aussi, après deux ou trois siècles de pression constante sur leur sol à l'origine fertile, et après quelques années d'épuisement supplémentaire grâce à des engrais chimiques, nous avons aujourd'hui des pommes qui ont un goût de carton, des oranges qui ont un goût de balles de tennis et des poires qui ont un goût de mousse à raser édulcorée. Toutes sont des produits d'un sol à qui l'on interdit de se reposer. Nous ne sommes pas là pour nous plaindre mais c'est ainsi.

— Dis-moi, Winnie, pourquoi n'es-tu pas occupé, *toi* ? lui demandai-je.

— Parce que c'est une belle journée, me répondit-il.

— Oui, mais…

— Pourquoi donc la gâcher ? me demanda-t-il.

— Mais tu pourrais faire quelque chose d'important.

— C'est ce que je fais, dit-il.

— Ah bon ? Que fais-tu ?

— J'écoute, répondit-il.

— Qu'est-ce que tu écoutes ?

— Les oiseaux. Et l'écureuil, là-bas.

— Et que disent-ils ? lui demandai-je.

— Que c'est une belle journée.

— Mais cela, tu le savais déjà, observai-je.

— Oui, mais c'est toujours bon d'entendre que quelqu'un d'autre partage ton avis, me répondit-il.

— Certes, mais tu pourrais occuper ton temps à te cultiver en écoutant la radio, par exemple, continuai-je.

— Ce truc-là ?

— Absolument. Comment pourras-tu être au courant de ce qui se passe dans le monde, sinon ?

— En sortant de la maison, me répondit Winnie.

— Hum, eh bien… Bon, écoute cela, Winnie, lui dis-je en allumant la radio.

> *« 30 000 personnes ont trouvé la mort aujourd'hui dans la collision de cinq avions de ligne au-dessus de Los Angeles… »*

— Et qu'est-ce que *cela* t'apprend sur le monde ? me demanda Winnie.

— Bon, tu as raison, reconnus-je en éteignant la radio. Et qu'est-ce que les oiseaux racontent, maintenant ?

— Ils disent que c'est une belle journée, me répondit Winnie.

C'est effectivement une belle journée, même si les Rviend'suite sont vraiment trop occupés pour en profiter. Mais, pour conclure notre réflexion…

Les disciples acharnés de la religion du Corps-meurtri-par-l'effort dont nous parlions plus haut étaient incapables d'apprécier la beauté des forêts sauvages et des eaux claires qui s'offraient à leurs yeux sur le continent verdoyant du Nouveau Monde. Au contraire, ils considérèrent ce paradis et les peuples qui vivaient en harmonie avec celui-ci comme quelque chose d'étranger et de menaçant, qu'il fallait attaquer et conquérir. Pour eux, tout cela constituait un obstacle sur la voie de la Grande Récompense. Ils n'aimaient pas beaucoup chanter, non plus. En fait…

— Quoi ? Ils ne chantaient pas ? m'interrompit Winnie.

— Winnie, laisse-moi donc terminer. Mais c'est vrai, ceci dit. Ils ne chantaient pas. Ils n'aimaient pas ça.

— Eh bien, s'ils n'aimaient pas chanter, comment se comportaient-ils envers les ours, alors ?

— Je crois qu'ils n'aimaient pas les ours non plus.

— Ils n'aimaient pas les *ours* ?

— Non. Pas beaucoup, en tout cas.

— Pas de chansons, pas d'ours… Qu'est-ce qu'ils pouvaient bien *aimer*, alors ?

— Je ne pense pas qu'ils aimaient *grand-chose*, Winnie.

— Pas étonnant que la vie soit un peu Confuse de nos jours, conclut Winnie.

Quoi qu'il en soit, du Misérable Puritain descendit le Pionnier Affairé puis, de ce dernier, le Cow-boy Solitaire qui s'en va dans le couchant à la recherche de quelque chose situé toujours plus loin sur la piste. Le Rviend'suite Tréoccupé descend de ces ancêtres insatisfaits et sans racines ; comme eux, il ne s'est jamais réellement senti chez lui, en paix, sur cette terre accueillante. Rigide, fanatique, agressif et grippe-sou comme il l'est, le

Rviend'suite Tréoccupé est tout simplement trop dur envers lui-même, envers les autres et envers le monde entier, qui tente avec héroïsme de survivre en dépit de ce que le Rviend'suite lui fait endurer.

Aussi n'y a-t-il rien de surprenant à ce que le Rviend'suite conçoive le progrès en termes de combats et de victoires. C'est l'une de ses petites singularités, dirons-nous. Évidemment, le *véritable progrès* implique d'évoluer et de se développer, c'est-à-dire de changer de l'intérieur, mais c'est quelque chose que l'inflexible Rviend'suite refuse de faire. L'instinct qui pousse à croître et se développer, commun à toutes les formes de vie, est perverti dans l'esprit du Rviend'suite Tréoccupé en un combat perpétuel pour changer tout (le Rviend'suite Bulldozer) et tous (le Rviend'suite Bigot), à l'exception de lui-même. Il se mêle de choses avec lesquelles il n'a rien à voir et interfère avec pratiquement toutes les formes de vie sur Terre. Dans une certaine mesure, cependant, son comportement est modéré par des personnes plus sages de son entourage. Mais, comme les parents d'un enfant hyperactif, les sages s'aperçoivent qu'ils ne peuvent être partout à la fois. Surveiller des Rviend'suite est foncièrement épuisant.

— Voici Coco Lapin qui revient et Bourriquet l'accompagne, remarqua Winnie.

— Tiens, Coco Lapin ! m'exclamai-je.

— *Accompagné* de Bourriquet, ajouta ce dernier.

— J'ai demandé à Bourriquet…, commença Coco Lapin.

— C'est moi : Bourriquet, l'interrompit celui-ci.

— Oui, je m'en souviens, lui dis-je. Je t'ai vu l'année dernière dans le marécage.

— Le *marécage* ? Ce n'est pas un marécage, c'est une *tourbière* ! s'indigna Bourriquet.

— Marécage, tourbière…

— Qu'est-ce qu'une tourbière ? demanda Winnie.

— Si tu as de l'eau jusqu'aux chevilles, c'est une tourbière, expliqua Bourriquet.

— Je vois, répondit Winnie.

— Et si tu en as jusqu'au cou, c'est un marécage, poursuivit Bourriquet. Un marécage, ça ! Peuh ! ajouta-t-il amèrement.

— Bref, j'ai demandé à Bourriquet, coupa Coco Lapin, et il m'a répondu qu'il n'avait pas la moindre idée de ce dont je lui parlais.

— On dirait que je ne suis pas le seul, dit Bourriquet. Vous n'en avez pas la moindre idée non plus, visiblement.

— C'est *quoi*, en fin de compte, ce Bloc de Bois brut ? demanda Coco Lapin.

— C'est moi, lui répondit Winnie.

— *Toi* ? s'écria Bourriquet. J'ai fait tout ce chemin…

— Depuis le marécage, ajoutai-je pour l'aider – enfin, depuis la tourbière, me repris-je, pour voir *Winnie* ?

— Pourquoi pas ? demanda Winnie.

— Tout est bon à Coco Lapin pour s'occuper, dit Bourriquet d'un ton sarcastique. Tout et n'importe quoi, apparemment.

Ceci dit, il nous semble plutôt étrange que la société des Rviend'suite Tréoccupés, qui vénère pour ainsi dire le dynamisme, l'apparence physique et le comportement de la jeunesse, n'ait pas réussi à développer de méthode efficace pour les conserver. Une incapacité dont témoigne la dépendance toujours croissante envers les Façades Factices et contre-nature que sont la cosmétique et la chirurgie plastique. De surcroît, cette société a développé d'innombrables façons de briser la jeunesse et de la détruire. Ces activités néfastes, qui ne relèvent pas à proprement parler de la quête de la Grande Récompense, peuvent être regroupées dans la catégorie générale du Gain de Temps.

Prenons pour exemple un monument bien typique du Rviend'suite pur jus : le *fast-food*.

La Chine a la maison de thé. La France a la terrasse de café. Presque chaque pays civilisé au monde en possède quelque équivalent : un endroit où les gens peuvent manger, se détendre et discuter de tout et de rien sans s'inquiéter de l'heure qu'il est et sans devoir partir dès que le repas est terminé. En Chine, par exemple, la maison de thé est une véritable institution sociale. Tout au long de la journée, des familles, des voisins et des amis viennent y déguster un thé et prendre un repas léger. Ils y restent aussi longtemps qu'ils le veulent. Les discussions peuvent durer des heures. Ce serait un peu étrange de dire que la maison de thé est une association de quartier car ces termes sont trop occidentaux. Mais cela décrirait du moins une partie de sa fonction pour notre esprit enclin aux catégories. *« Vous êtes important. Détendez-vous et profitez de la vie. »* Tel est le message de la maison de thé.

Et quel est le message du fast-food ? Manifestement, c'est : *« Vous ne comptez pas. Dépêchez-vous donc ! »*

De surcroît, comme chacun le sait de nos jours, cet horrible fast-food est aussi une insulte à la santé de son client. Malheureusement, ce n'est pas le seul exemple traduisant la mentalité du Gain de Temps : nous pourrions aussi citer le supermarché, le four à micro-ondes, la centrale nucléaire, les produits chimiques toxiques…

D'un point de vue pratique, si ces appareils permettant de gagner du temps nous en faisaient réellement gagner, nous aurions aujourd'hui plus de temps disponible qu'à n'importe quelle période de l'histoire de l'humanité. Mais assez étrangement, nous semblons avoir moins de temps qu'il y a quelques années à peine. Il est vraiment agréable de se rendre dans un endroit dépourvu d'appareils permettant de gagner du temps car vous vous rendez alors compte que vous avez *tout votre temps*. Le reste du temps, vous êtes trop occupé à travailler pour payer les appareils qui vous feront gagner du temps afin de ne plus avoir à travailler aussi dur.

Le principal problème de cette grande obsession du Gain de Temps est très simple : vous ne pouvez pas *gagner* du temps. Vous ne pouvez qu'en perdre.

Mais vous pouvez en perdre intelligemment ou bêtement. Le Rviend'suite Tréoccupé n'a presque jamais le temps car il est trop occupé à le dilapider en essayant d'en gagner. Et à force d'essayer de gagner quelques secondes, il finit par le perdre en totalité.

Henry David Thoreau a une jolie formule dans *Walden ou la Vie dans les bois* :

> Pourquoi vivre avec cette hâte et ce gaspillage de vie ? Nous sommes résolus à être réduits par la faim avant d'avoir faim. Les hommes disent qu'un point fait à temps en épargne cent ; sur quoi les voilà faire mille points aujourd'hui pour en épargner cent demain.

Pour un contraste saisissant avec cette société Rviend'suite qui épuise la jeunesse, revenons un instant au Tao. L'un des aspects les plus intéressants du taoïsme est qu'il préconise le respect non seulement pour le vieux sage, mais aussi pour la figure de l'Immortel à l'éternelle jeunesse. La tradition taoïste regorge de fascinantes histoires (des fictions) et de témoignages (des faits plus ou moins embellis) sur ceux qui, bien que jeunes, découvrirent les Secrets de la vie. Quelles que soient les raisons de ces découvertes, le résultat est toujours identique : une longue vie vécue avec le physique, l'attitude et l'énergie de la jeunesse.

D'ailleurs, les Immortels taoïstes, quel que soit leur âge, sont traditionnellement célèbres pour la jeunesse de leurs attitudes, de leur apparence physique et de leur vitalité. Celles-ci n'étaient pas accidentelles mais le résultat de leurs pratiques taoïstes. En Chine, durant des siècles, l'espérance de vie moyenne dépassa rarement les 40 ans ; les paysans laborieux et les aristocrates dissolus mouraient souvent bien plus jeunes. Et pourtant, d'innombrables taoïstes vécurent jusqu'à 80 ou 90 ans et beaucoup bien plus longtemps encore. Voici l'un de mes exemples favoris.

En 1933, les journaux du monde entier annoncèrent la mort d'un homme nommé Li Tsing Yun. D'après les archives officielles et irréfutables du gouvernement chinois ainsi qu'une enquête menée en profondeur et de manière indépendante, Li était né en 1677. Bien après son deux centièmes anniversaire, il avait donné dans une université chinoise une série de vingt-huit conférences sur la longévité, chacune durant trois heures. Ceux qui le virent alors rapportèrent qu'il avait l'air d'un quinquagénaire, qu'il se tenait bien droit de toute sa haute taille, qu'il avait de bonnes dents et tous ses cheveux. Lorsqu'il mourut, il était âgé de 256 ans.

Li était encore un enfant quand il quitta son foyer pour suivre des herboristes itinérants. Dans les montagnes chinoises, il apprit d'eux quelques-uns des secrets de la médecine naturelle. En plus de l'usage quotidien de certaines plantes rajeunissantes, il pratiquait des exercices taoïstes car il pensait que les pratiques qui fatiguent le corps et l'esprit écourtent la vie. Sa façon de voyager favorite était ce qu'il appelait «*marcher avec légèreté*». Les jeunes hommes qui l'accompagnaient dans ses marches, bien qu'il fût alors âgé, ne pouvaient tenir son rythme, qu'il conservait pendant des kilomètres. Il conseillait à ceux qui désiraient une santé solide de «*s'asseoir comme la tortue, marcher comme le pigeon et dormir comme le chien.*» Quand on lui demandait son grand secret, toutefois, il répondait: «*La quiétude intérieure.*»

À ce propos, revenons à *La Maison de l'ours Winnie*. Jean-Christophe vient de poser une question à Winnie:

— Qu'est-ce que tu aimes faire le plus au monde, Winnie?

— Eh bien, ce que j'aime faire le plus au monde…, dit Winnie – puis il s'interrompit pour réfléchir. Parce que manger du miel était évidemment une très bonne chose à faire, ça oui, mais il y avait un moment juste avant de commencer à manger qui était encore meilleur que quand on mangeait, même s'il ne savait pas comment l'appeler.

Le miel n'est plus aussi bon une fois qu'on a commencé à le manger; le but n'a plus grande signification une fois qu'il est atteint; la récompense n'a plus grande valeur une fois qu'elle est gagnée. Si nous additionnons toutes les récompenses reçues dans notre vie, nous n'obtenons pas grand-chose. Mais si nous additionnons le temps écoulé *entre* deux récompenses, nous en obtenons une somme conséquente. Et si nous additionnons les récompenses *et* le temps écoulé entre celles-ci, nous obtenons absolument tout: chaque minute du temps que nous avons vécu. Et si nous pouvions en profiter réellement?

Les cadeaux de Noël, une fois ouverts, ne sont plus aussi excitants que lorsqu'on examinait les paquets, qu'on les soupesait, qu'on les secouait et qu'on en rêvait. Trois cent soixante-cinq jours plus tard, nous recommençons et la même chose se produit à nouveau. Dès que nous parvenons au but, il n'est plus aussi excitant et nous voici repartis pour atteindre le prochain objectif, puis le suivant, puis le suivant…

Cela ne signifie pas que les objectifs sont sans importance. Ils en ont car ils nous font faire du chemin et c'est ce *chemin* qui nous rend sages ou heureux. Lorsque nous faisons mal les choses, cela nous rend furieux, malheureux ou confus. L'objectif doit bien sûr être juste pour nous et il doit également avoir un effet qui nous est bénéfique afin que le chemin, lui aussi, soit bénéfique. Mais en dehors de cela, c'est faire le chemin qui importe le plus. Et *apprécier le voyage* est le secret qui détruit les mythes de la Grande Récompense et du Gain de Temps. Voilà qui nous aidera peut-être à expliquer la signification du terme *Tao*, la Voie, et son importance dans la vie de tous les jours.

Comment nommer ce moment qui précède immédiatement celui où l'on déguste le miel? Certains l'appellent *anticipation*, mais c'est sans doute plus que cela. Appelons-le *conscience*: c'est l'instant où nous sommes heureux et où nous en avons conscience, même de façon éphémère. Et si nous apprécions le voyage, nous pouvons étendre cette conscience non plus à un seul instant, mais à l'ensemble du périple. Alors nous pouvons vraiment nous amuser, tout comme Winnie.

> Puis il se dit qu'être en compagnie de Jean-Christophe était une très bonne chose et qu'avoir Porcinet auprès de lui faisait chaud au cœur. Aussi, lorsqu'il eut pensé à tout cela, il répondit : « La chose que j'aime le plus au monde, c'est de venir te voir avec Porcinet et que tu nous dises : "Vous voulez manger quelque chose ?", et que je te réponde : "Eh bien, je ne dirais pas non, n'est-ce pas, Porcinet ?", et qu'il fasse un temps superbe comme j'aime et que les oiseaux chantent.

Quand nous prenons le temps d'apprécier ce qui nous entoure et le fait d'être vivant, nous comprenons que nous n'avons plus le temps d'être des Rviend'suite Tréoccupés. Mais ce n'est pas grave, car être un Rviend'suite Tréoccupé est une immense perte de temps.

Comme l'écrit le poète Lu You :

Les nuages, là-haut, partent ou se rassemblent;
La brise de printemps ou s'en vient, ou s'en va.
Ainsi va notre monde; allons donc nous détendre!
Qui peut nous empêcher de célébrer cela?

CE GENRE D'OURS-LÀ

Nous discutions de l'*Hymne à la Joie*, le chœur final de la *Neuvième Symphonie* de Beethoven.

— C'est l'un de mes morceaux préférés, dit Winnie.

— Pareil pour moi, répondis-je.

— Le passage que j'aime le plus, poursuivit Winnie, c'est quand ils chantent : « *Oh ! Pour la vie d'un Ours !* »

— Mais, Winnie…

— « *Oh ! Pour un Ours ! Oh ! Pour l'Ourson !* »

— Mais ils ne chantent pas…

— « *Oh ! Pour la vie d'un Ours !* »

Puis il ajouta :

— C'est vraiment mon passage préféré.

— Mais ils ne chantent pas : « *Oh ! Pour la vie d'un Ours !* » dans l'*Hymne à la Joie*, lui dis-je.

— Ah bon ?

— Non, bien sûr que non.

— Et pourquoi ?

— Eh bien, j'imagine qu'ils n'y ont pas *pensé*.

— Mais *pourquoi* donc ?

— Ni Ludwig van Beethoven, ni l'homme qui a écrit le livret de l'*Hymne à la Joie* n'y ont mis quoi que ce soit à propos des ours.

— Oh. Je dois confondre avec *Lourswig* van Beethoven.

— Winnie, Lourswig *n'existe pas*. C'est toi qui as inventé cette chanson.

— C'est moi ?

— C'est toi.

— Oh, et bien *voilà* où je l'ai entendue ! conclut-il.

Bref, voici qui nous amène au sujet de ce chapitre : profiter de la vie et être spécial. Chacun de nous *est* spécial, voyez-vous.

— C'est dur d'être courageux quand on n'est qu'un tout petit animal, couina Porcinet en reniflant.

Coco Lapin, qui s'était mis à écrire à toute vitesse, leva les yeux et déclara :

— C'est parce que tu es un tout petit animal que tu seras utile dans les aventures qui nous attendent.

Porcinet fut si excité à l'idée de se rendre utile qu'il en oublia sa terreur et, tandis que Coco Lapin poursuivait en disant que les Grands Gourous ne se montraient farouches que pendant l'hiver et qu'ils étaient d'humeur affectueuse le reste du temps, il tenait à peine en place, tout impatient qu'il était d'être tout de suite utile.

— Et moi, alors ? demanda Winnie avec tristesse. Je suppose que *moi*, je suis inutile ?

— Ce n'est pas grave, Winnie, lui répondit Porcinet avec douceur. Ce sera pour une autre fois.

Coco Lapin répliqua d'un ton solennel en taillant la mine de son crayon :

— Sans Winnie, c'est toute notre aventure qui tombe à l'eau.

— Oh ! s'exclama Porcinet en faisant de son mieux pour ne pas paraître déçu.

Winnie alla s'asseoir dans un coin et se répéta avec fierté :

— Tout tombe à l'eau sans moi ! Je suis ce *genre* d'Ours-là !

Quelle que soit notre utilité, il nous faut parfois du temps pour prendre conscience de notre propre valeur. L'histoire chinoise du *Tailleur de pierres* en est un bon exemple :

Il était autrefois un tailleur de pierres qui n'était satisfait ni de lui-même, ni de sa condition.

Un jour, alors qu'il passait devant la demeure d'un marchand opulent, il vit, par le portail grand ouvert, un nombre considérable de biens et de visiteurs importants. « *Comme ce marchand doit être puissant !* », se dit le tailleur. Il devint très envieux et souhaita de tout son cœur devenir comme le marchand. Il n'aurait ainsi plus à vivre la vie d'un simple tailleur de pierres.

À sa grande surprise, il devint soudain le marchand et reçut plus de pouvoir et de richesses qu'il n'en avait jamais rêvés. Il fut haï et jalousé par ceux qui étaient moins opulents que lui. Mais bientôt, un ambassadeur haut placé vint à passer en chaise à porteurs, accompagné de ses valets et escorté par des soldats sonnant le gong. Et tout le monde, sans distinction de richesse, dut s'incliner bas au passage du cortège. « *Comme cet ambassadeur est puissant !* », se dit le tailleur de pierres. « *Si seulement je pouvais être un ambassadeur haut placé !* »

Il devint alors l'ambassadeur haut placé se déplaçant partout dans sa pompeuse chaise à porteurs, craint et haï par tous ceux qui devaient s'incliner bas à son passage. C'était une chaude journée d'été et l'ambassadeur se sentait mal dans sa chaise poisseuse. Il leva les yeux vers le soleil qui brillait fièrement dans les cieux, indifférent à sa présence. «*Comme le soleil est puissant!*», se dit-il. «*Si seulement je pouvais être le soleil!*»

Il devint alors le soleil et brilla farouchement sur le monde, brûlant les champs, et il fut maudit par les paysans et les laboureurs. Mais un gros nuage noir vint à passer entre lui et la Terre, empêchant sa lumière d'atteindre celle-ci. «*Comme ce nuage est puissant!*», se dit-il. «*Si seulement je pouvais être un nuage!*»

Il devint alors le nuage, inondant champs et villages, et il fut décrié par tout le monde. Mais il s'aperçut bientôt qu'une force irrésistible le repoussait et il comprit que c'était le vent. «*Comme le vent est puissant!*», se dit-il. «*Si seulement j'étais le vent!*»

Alors il devint le vent, arrachant les tuiles des toits et déracinant les arbres, et fut craint et haï par tous les êtres en dessous de lui. Mais après quelque temps, il rencontra une chose qui refusa de bouger, quelle que soit la force avec laquelle il soufflait dessus : c'était un immense, un colossal rocher. «*Comme ce rocher est puissant !*», pensa-t-il. «*Si seulement j'étais un rocher !*»

Il devint alors le rocher et fut plus puissant que tout autre être au monde. Mais un jour, il entendit le choc sourd du marteau et du burin contre la roche et sentit qu'on le transformait. «*Qu'est-ce qui pourrait donc être plus puissant que moi, immense rocher ?*», se demanda-t-il. Il baissa les yeux et aperçut, loin au-dessous de lui, la silhouette d'un tailleur de pierres.

Tiens, voici le facteur.

— Oh, regarde : tu as du courrier, Winnie.

— Du courrier pour *moi* ?

— Pour «Monsieur l'Ourson Winnie», confirmai-je.

— *Monsieur* l'Ourson Winnie ?

— C'est ce qui est écrit.

— Monsieur… l'Ourson… Winnie, répéta-t-il émerveillé. Qu'est-ce que ça dit ? me demanda-t-il en grimpant sur le bureau et en regardant par-dessus mon épaule.

— C'est un courrier de Finchley's. «*Notre troisième vente annuelle de chaussures s'ouvre bientôt! Pour tous les goûts et toutes les tailles!*» Winnie, c'est inutile pour toi.

— Et qu'est-ce qu'il y a marqué en bas?

— «*Le café est offert.*» Voilà une bonne raison supplémentaire de ne pas y aller.

— Laisse-moi regarder ça de plus près, s'écria Winnie en approchant de la fenêtre la lettre dont il venait de s'emparer.

Pour prendre en main notre existence et accomplir quelque chose de durable, nous devons tôt ou tard apprendre à croire. Nous n'avons pas besoin de faire porter nos responsabilités sur les épaules de quelque Superman Spirituel divinisé, ou d'attendre dans notre coin sans rien faire que le Destin vienne frapper à notre porte. Il nous suffit de croire en la force qui réside en nous et de l'utiliser. Dès lors que nous le faisons, que nous cessons d'imiter les autres et d'être en rivalité avec eux, les choses commencent à fonctionner à notre avantage. Prenons quelques exemples.

En 1927, un homme de 32 ans se tenait sur la berge du lac du Parc Lincoln de Chicago, avec l'intention de sauter dans ses eaux sombres et de s'y noyer. Il avait perdu sa fille, son employeur avait fait faillite, sa réputation était fichue et il avait sombré dans l'alcool. Il regardait le lac et se demandait ce qu'il restait comme choix à un homme dans sa situation. C'est alors qu'une réponse lui vint : il était désormais libre de prendre des risques, de lancer de lui-même de nouveaux projets et, ce faisant, d'aider les autres. Il revint chez lui et s'engagea dans le travail qu'il croyait que l'univers attendait de lui au lieu de ce qu'on lui avait *appris* à faire. Il observa les lois naturelles et changea ses habitudes de vie en conséquence. Il finit par transformer complètement sa vie. Ces lois allaient l'inspirer et le soutenir dans ses plus grandes réussites. Mais s'il n'avait pas cru et n'avait pas tenté sa chance, il n'aurait jamais offert sa contribution à l'humanité, et nul n'en serait venu à respecter le nom d'un des plus importants architectes du XXe siècle, Buckminster Fuller.

En 1854, un petit garçon de Port Huron, dans le Michigan, fut renvoyé de l'école parce qu'il « *causait des problèmes* ». Il y avait été scolarisé trois mois. Ce fut la seule éducation formelle qu'il reçut de toute sa vie. Il travailla plus tard comme assistant dans un laboratoire et perdit son travail le jour où il le fit exploser. Son employeur l'attrapa et le jeta dehors en lui disant qu'il ne vaudrait jamais rien. Mais il avait un plan et n'allait pas laisser un ou deux problèmes mineurs lui barrer la route. Il voulait découvrir les applications mécaniques des lois naturelles. Il finit par devenir le plus grand inventeur de l'histoire américaine, avec plus de 1 300 brevets nationaux et étrangers à son nom, un nom synonyme de génie qui résout tous les problèmes. Il s'appelait Thomas Edison.

Les pessimistes précautionneux du monde entier n'accomplissent jamais grand-chose car ils ne considèrent pas la situation d'une manière claire et objective, ne croient pas ou n'ont pas confiance en leurs propres capacités et ne vont donc pas puiser en elles pour surmonter le moindre risque. Par exemple, quand Petit Gourou tomba dans la rivière durant la fameuse expédition à la recherche du Pôle Nord, comment réagit le triste Bourriquet ? Bien après que le courant eut emporté Petit Gourou, Bourriquet tendit à contrecœur sa queue au-dessus des eaux pour qu'il puisse l'attraper et rejoindre ainsi la berge – ou, plus exactement, pour que Bourriquet soit félicité d'avoir tenté quelque chose. Bien évidemment, il ne s'attendait pas vraiment à accomplir quoi que ce soit d'utile et, bien évidemment, rien d'utile n'en advint.

Qui donc allait secourir Petit Gourou? Porcinet-la-Panique sautillait sur place en braillant. L'inefficace Maître Hibou sermonnait Petit Gourou pour qu'il garde la tête hors de l'eau. La soucieuse Grand Gourou demandait si son Petit Gourou allait bien. Capitaine Coco Lapin donnait ses ordres à l'entour… et Winnie le positif observait la situation, réfléchissait à ce qu'il pouvait faire et s'apprêtait à tenter quelque chose :

Il se tenait à un coude de la rivière en aval de Petit Gourou, tenant un long bâton entre ses pattes. Grand Gourou le rejoignit, en saisit l'autre bout et ils le tinrent au ras des flots. Petit Gourou, tout fier de barboter, s'écriait :

« Regardez ! Je nage ! », jusqu'à ce que le courant le pousse contre la perche ; il l'agrippa et fut alors tiré hors de l'eau.

— Tu as vu comme je nageais bien ? » criait Petit Gourou, tout excité, tandis que Grand Gourou le frottait vigoureusement en le grondant. « Winnie, tu m'as vu nager ? On appelle ça *nager* et c'est exactement ce que je faisais. Et *toi*, Coco Lapin, tu as vu ce que je faisais ? Je nageais ! Hé, Porcinet ! Porcinet, j'ai dit ! Tu sais ce que je faisais ? Je nageais ! Jean-Christophe, est-ce que tu m'as vu…

Mais Jean-Christophe ne l'écoutait pas. Il regardait Winnie.

— Winnie, où as-tu trouvé cette perche ? lui demanda-t-il.

Winnie regarda le bâton qu'il tenait entre ses pattes.

— Je l'ai trouvé comme ça. Je me suis dit qu'il pourrait nous être utile, alors je l'ai ramassé, lui répondit-il.

— Winnie, notre expédition est terminée, lui dit solennellement Jean-Christophe. Tu as trouvé le Pôle Nord [2] !

---

2. Jeu de mots anglais, intraduisible en français, entre « *North Pole* » (« Pôle Nord ») et « *pole* » (« bâton, perche »).

Comme Winnie put s'en rendre compte lors de cette expédition, une fois que nous avons compris la situation et vu ce que nous pouvons y faire, nous devons tirer parti de tout ce qui est à notre portée afin d'accomplir ce qui doit l'être. Dans la majorité des cas, ce dont nous avons besoin est déjà sous nos yeux ; tout ce que nous avons à faire est d'en tirer parti.

Par exemple, lorsque Porcinet fut pris au piège par l'inondation…

> « *C'est un peu angoissant*, se dit-il, *d'être un tout petit animal entièrement encerclé par les flots. Jean-Christophe et Winnie pourraient se sauver en grimpant aux arbres, et Grand Gourou pourrait se sauver en sautant, et Coco Lapin pourrait se sauver en creusant, et Maître Hibou pourrait se sauver en s'envolant, et Bourriquet pourrait se sauver en… en criant à tue-tête jusqu'à ce qu'on lui porte secours, mais me voilà encerclé par les flots et je ne peux* rien faire du tout… »

Mais soudain, il se rappela une histoire que lui avait racontée Jean-Christophe à propos d'un homme coincé sur une île déserte : il avait écrit un message, l'avait mis dans une bouteille et avait jeté celle-ci à la mer. Porcinet se dit que s'il écrivait quelque chose, le mettait dans une bouteille et qu'il la jetait dans les flots, peut-être que quelqu'un finirait par venir le secourir !

Aussi, c'est exactement ce qu'il fit.

Et quand la bouteille de Porcinet passa à la portée de Winnie, ce dernier reçut son message. Mais il lui fallut d'abord aller voir Jean-Christophe pour qu'il lui *lise* ce qu'il y avait écrit dessus.

Il boucha son plus gros pot de miel, le jeta à l'eau et plongea à sa suite. Et après quelques essais sur son embarcation…

… il naviagua jusqu'à la maison de Jean-Christophe, qui lut le message de Porcinet. Winnie et Jean-Christophe établirent alors un plan de sauvetage. Puis ils s'aperçurent qu'il leur fallait un plus grand navire. C'est alors que Winnie eut une idée :

Et lors d'une trépidante opération de sauvetage, Porcinet fut secouru par nul autre que le célèbre Ourson Winnie, explorateur du Pôle Nord.

— Dis-moi, Maître Hibou, as-tu vu Winnie récemment ?

— Je crois bien l'avoir aperçu ranger quelque chose dans le placard tout à l'heure. Je n'y ai pas prêté grande attention, toutefois, répondit Maître Hibou.

— Le placard ? Bon, je vais y jeter un coup d'œil et…

— Alors ? demanda Maître Hibou.

— Maître Hibou, qu'est-ce que toutes ces boîtes *font ici* ?

— Des boîtes ?

— Oui, et elles sont pleines de… *de chaussures* ! ajoutai-je.

— Des chaussures ?

— Regarde donc ! Des mocassins, taille 36. Des sandalettes, taille 37. Des espadrilles, taille 39…

— Pour tous les goûts et toutes les tailles, observa Maître Hibou.

— Maître Hibou, je n'en suis pas certain mais je crois bien que j'ai un vilain soupçon.

— Il semblerait donc que *Winnie* soit le coupable, dit avec sagesse Maître Hibou.

— Si tu le vois, dis-lui que je voudrais lui parler, d'accord ?

— Absolument, répondit Maître Hibou.

Les deux intrépides sauvetages dont nous venons de parler nous amènent à l'un des termes les plus importants du taoïsme : *Tz'u*, que l'on peut traduire par « prévenance » ou « compassion », et qui est dérivé de l'idéogramme qui signifie « cœur ». Dans le chapitre 67 du *Tao te king*, Lao-tseu l'appelle son « *premier trésor* » puis écrit : « *De la compassion vient le courage.* » Nous pourrions ajouter que la sagesse en provient également. Selon nous, le fait que les êtres dépourvus de compassion soient dépourvus de sagesse en dit assez long. Du savoir, oui ; de l'intelligence, peut-être ; de la sagesse, pas du tout. Un homme intelligent n'est pas un homme « de cœur ». La connaissance ne conduit pas nécessairement à la compassion. La sagesse, si. Il est révélateur que « *cor* », le mot latin désignant le « cœur », soit la racine étymologique du mot « courage ». Porcinet le dit ainsi : « *Elle n'est pas très intelligente, Grand Gourou, ça non, mais elle peut tellement s'inquiéter pour Petit Gourou qu'elle ferait exactement la-bonne-chose-à-faire sans même y réfléchir.* » *Tz'u* n'a pas seulement sauvé Petit Gourou, découvert le Pôle Nord et secouru Porcinet ; il a également donné à ce dernier le courage d'aller chercher de l'aide pour Winnie et Maître Hibou lorsque la maison de ce dernier fut emportée par le vent.

Porcinet, comme nous le savons, est un tout petit animal et pas exactement le plus courageux d'entre eux, mais quand la maison de Maître Hibou s'effondra, Porcinet découvrit qu'il avait plus de courage qu'il ne *pensait* en avoir.

— Coucou, Maître Hibou ! dit Winnie. J'espère que nous n'arrivons pas trop tard pour… Je veux dire, comment vas-tu ? Porcinet et moi-même venons juste prendre de tes nouvelles parce que c'est jeudi.

— Assieds-toi, Winnie, assieds-toi, Porcinet. Mettez-vous à l'aise, leur répondit gentiment Maître Hibou.

Tous deux le remercièrent et se mirent aussi à l'aise que possible.

— En fait, vois-tu, Maître Hibou, nous nous sommes dépêchés pour arriver à temps pour… pour te voir avant de repartir, poursuivit Winnie. Maître Hibou acquiesça avec solennité.

— Corrigez-moi si je m'abuse, mais n'ai-je pas raison de penser que cette journée est particulièrement vantarde, dehors ?

— Absolument, répondit Porcinet en massant
ses oreilles engourdies par le froid et souhaitant
être déjà de retour chez lui, en sécurité.

— C'est bien ce que je pensais. C'était par un
jour tout aussi vantard que mon Oncle Robert,
dont tu peux voir le portrait sur ce mur à ta
droite, Porcinet, alors qu'il revenait tard dans
la matinée d'un… Mais qu'est-ce donc ?
Un énorme craquement se fit entendre.

— Attention ! Attention à l'horloge ! Écarte-
toi, Porcinet ! Je vais te tomber dessus ! s'écria
Winnie.

— Au secours ! hurla Porcinet…

Puis, quelques instants plus tard :

— Winnie ? demanda-t-il nerveusement.

— Oui ? lui répondit l'une des chaises.

— Où sommes-nous ?

— Je ne sais pas trop, lui dit la chaise.

— Sommes-nous… Sommes-nous encore chez Maître Hibou ?

— Je crois bien, parce que nous étions sur le point de boire le thé et que nous ne l'avons toujours pas bu.

— Oh ! répondit Porcinet. Dis-moi, Maître Hibou a-t-il toujours eu une boîte aux lettres au plafond ?

Une fois Winnie débarrassé de sa chaise, il jeta un regard alentour et un plan lui vint à l'esprit. Maître Hibou allait voler jusqu'à la boîte aux lettres avec une cordelette, la coincer entre les mailles de fer de la grille puis redescendre. Puis Porcinet allait s'accrocher à un bout de la cordelette pendant que Winnie et Maître Hibou tireraient sur l'autre bout…

— Et voilà Porcinet tout en haut, conclut Maître Hibou. À condition que la corde ne lâche pas.

— Et si elle lâche ? demanda Porcinet, très intéressé par la réponse.

— Alors nous essaierons une autre cordelette.

Cela ne rassura pas beaucoup Porcinet car qu'importe le nombre de cordelettes qu'ils pourraient essayer, il serait toujours le même Porcinet à retomber. Ceci dit, ça semblait être la seule chose à faire. Il se remémora une dernière fois tous ces jours heureux passés dans la forêt, durant lesquels personne ne le tirait au plafond accroché à une cordelette. Porcinet fit un brave signe de tête à Winnie et lui dit que c'était un excellent pl-pl-pl, un excellent pl-pl-plan.

Et finalement…

Il se comprima, se contorsionna et, dans un ultime effort, parvint à sortir. Tout joyeux et excité, il se retourna pour couiner un dernier message à ses amis prisonniers.

— Tout va bien ! cria-t-il à travers la boîte aux lettres. Le vent a complètement déraciné ton arbre, Maître Hibou, et il y a une branche en travers de la porte, mais Jean-Christophe et moi pouvons la dégager, et nous allons rapporter une corde pour Winnie, et je vais aller le chercher tout de suite, d'ailleurs je peux sans problème descendre jusqu'à la terre ferme, enfin, je veux dire que c'est dangereux mais je peux très bien y arriver, Jean-Christophe et moi serons de retour dans une petite demi-heure. À tout à l'heure, Winnie !

Et sans même attendre la réponse de Winnie : « À tout à l'heure, Porcinet, et merci ! », il partit.

— Une demi-heure, répéta Maître Hibou en s'installant confortablement. J'ai tout juste le temps de terminer l'histoire que je te racontais sur mon Oncle Robert, dont tu peux voir un portrait sous tes pieds. Voyons voir, où en étais-je ? Ah, oui. C'était par un jour aussi vantard que celui-ci que mon Oncle Robert…

— Maître Hibou m'a dit que tu voulais me voir, dit Winnie.

— Tout à fait, Winnie. Qu'est-ce que ces boîtes à chaussures font dans le placard ?

— Je n'ai pas pu m'en empêcher, répondit-il.

— C'est-à-dire ?

— Eh bien, d'abord, il y a eu la carte adressée à *Monsieur* l'Ourson Winnie. Et puis, quand je suis entré dans le magasin juste pour jeter un coup d'œil…

— Oui ?

— Le vendeur a été si *gentil* avec moi ! « *Puis-je vous aider, Monsieur ?* », il m'a dit. Il m'a fait me sentir important.

— Winnie, tu n'avais pas *besoin* de ces chaussures.

— Je vais les ramener au magasin.

— Voilà qui est mieux.

— D'ailleurs, plein de gens vont ramener un tas de choses, à mon avis.

— Pardon ?

— J'ai vu plein de gens acheter des choses dont ils n'avaient pas vraiment besoin partout dans le magasin, expliqua-t-il.

— Je veux bien te croire.

— Je n'étais pas le seul.

— Bien sûr que non, Winnie. Beaucoup de gens essaient d'acheter du bonheur et de l'importance de cette manière-là. Mais tu *peux* être heureux et important sans cela, tu sais.

— Eux aussi, ils le peuvent, remarqua Winnie.

Oui, il a raison. Tout le monde le peut. Malgré ce que déclara un jour Bourriquet, quand il s'agit d'apprécier la vie et de tirer profit de ce que nous sommes, tout le monde *le peut*. C'est juste que certaines personnes *ne le font pas*.

Un Sage observateur écrivit naguère, tandis qu'il méditait au bord de l'étang de Walden : «*La majo-*

rité des hommes mène une vie de paisible désespoir. » Le désespoir était peut-être paisible à cette époque. Mais *de nos jours*, il est assourdissant. Cependant, rien ne nous force à y prendre part. Nous pouvons cesser de nous accrocher désespérément à ces creux substituts de l'existence et nous libérer. Une fois fait le premier pas, le reste suivra.

Voilà qui nous amène au Principe du Tra-la-lère, qui vient d'une chanson de Winnie :

> *Plus il neige (Tra-la-la)*
> *Plus ça va (Tra-la-lère)*
> *Plus ça va (Tra-la-la)*
> *Neiger.*

On le nomme parfois « l'effet boule de neige » et cela peut vous rappeler le jour où vous avez poussé sur une pente cette petite boule de neige et qu'elle se mit à grossir, à grossir, jusqu'à ce qu'elle devienne si grosse que vous ne puissiez plus l'arrêter, et qu'elle dévala la colline et défonça la voiture du voisin et, très vite, tout le monde se mit à parler de l'énorme boule de neige dont *vous* aviez complètement perdu le contrôle… Voilà sans doute pourquoi nous préférons y penser comme au Principe du Tra-la-lère.

En fait, ce principe peut aussi bien fonctionner de façon positive que négative. Il peut favoriser le cynisme aussi aisément qu'il peut encourager l'espoir. Il peut produire des criminels endurcis ou des héros courageux, des vandales stupides ou des créateurs géniaux. L'important est de le faire œuvrer pour soi et pour le bénéfice des autres, ou bien d'en assumer les affreuses conséquences.

En œuvrant avec le Principe du Tra-la-lère, vous utilisez le respect pour construire du respect. Plus il neige, plus il va neiger :

> Alors Winnie fredonna pour lui les sept vers de la chanson et Porcinet ne dit rien et écouta, tout rayonnant. Nul n'avait jamais chanté une ode à Porcinet (oh, Porcinet !) sans y être invité. Quand ce fut terminé, il voulut demander à entendre l'un des vers à nouveau mais il n'osa pas. C'était le vers qui s'ouvrait par « *Oh vaillant Porcinet* » et il trouvait que c'était une manière très délicate de commencer un poème.
> — Est-ce que j'ai vraiment fait tout ça ? demanda-t-il enfin.
> — Eh bien, en poésie – je veux dire, dans un poème –, eh bien oui, tu *as fait* tout ça, Porcinet,

parce que le poème dit que tu l'as fait. Et c'est ainsi que les gens apprennent des choses, lui répondit Winnie.

— Oh! Parce que je… je pensais avoir hésité un peu. Enfin, au début. Et le poème dit: «*Il n'a pas hésité non-non-non*», alors…

— Tu n'as hésité qu'au fond de toi, répondit Winnie. Et pour un tout petit animal, c'est la façon de ne pas hésiter la plus courageuse qui soit.

Porcinet soupira de bonheur et se mit à penser à lui-même. Il était Courageux…

Et plus tard, quand Bourriquet, qui ne savait pas, trouva une nouvelle maison pour Maître Hibou, et qu'elle se révéla être celle de *Porcinet*…

— C'est la maison parfaite pour Maître Hibou. N'est-ce pas, petit Porcinet?

Porcinet fit alors quelque chose de très noble et il le fit comme dans une sorte de rêve, en repensant à tous les mots merveilleux que Winnie avait fredonné à son sujet.

— Tu as raison, c'est la maison parfaite pour Maître Hibou, dit-il avec grandeur. J'espère qu'il sera heureux d'y habiter.

Puis il déglutit deux fois car il avait été lui-même très heureux d'y habiter.

— Et *toi*, Jean-Christophe, qu'en penses-tu ? demanda Bourriquet, un peu nerveux. Il sentait que quelque chose clochait.

Mais Jean-Christophe avait d'abord une question à poser et il réfléchissait à la façon de la formuler. Il dit enfin :

— Eh bien, c'est une très jolie maison et si ta propre maison vient de s'effondrer, il *faut bien* aller habiter quelque part, n'est-ce pas, Porcinet ? Que ferais-tu, *toi*, si ta maison s'effondrait ?

Avant que Porcinet puisse répondre, Winnie déclara :

— Il viendrait habiter chez moi, n'est-ce pas Porcinet ?

Porcinet serra sa patte entre les siennes.

— Merci, Winnie. J'adorerais, oui.

Voulez-vous être vraiment heureux ? Commencez par apprécier ce que vous êtes et ce que vous avez. Voulez-vous être vraiment malheureux ? Commencez par être mécontent. Comme l'écrit Lao-tseu : « *Un arbre si grand que vous ne pouvez étreindre son tronc est né d'une petite graine ; un voyage de mille lieues commence toujours avec le premier pas.* » La sagesse, le bonheur et le courage ne vous attendent pas au-delà de l'horizon, loin devant vous. Ils font partie d'un cycle perpétuel qui débute ici même. Ils n'en sont pas seulement le terme; ils en sont aussi l'origine. Plus il neige, plus ça va, plus ça va neiger.

Tchouang-tseu le disait ainsi:

> Il est très largement reconnu que le courage d'un seul peut mener à la victoire une armée de plusieurs milliers d'hommes. Si quelqu'un ayant des préoccupations terre à terre peut parvenir à un tel résultat, combien davantage encore peut engendrer un homme ayant des desseins plus élevés!

(Applaudissements). Portons un toast! Au courageux Porcinet et à l'audacieux Winnie…

Oh Porcinet, Oh Porcinet!
Oh Porcinet, Oh!
et
Oh! Pour un Ours!
Oh! Pour un Ourson!
Oh! Pour la vie d'un Ours!

Lorsqu'ils furent presque rassasiés, Jean-Christophe fit tinter sa cuillère contre la table ; chacun se tut et tous se firent très silencieux, à part Petit Gourou qui venait tout juste à bout d'une crise subite de hoquet et qui tentait de faire croire que ces bruits venaient de Coco Lapin. Jean-Christophe déclara :

— Cette fête, c'est pour fêter les actions de quelqu'un, et nous savons tous qui c'est, et c'est sa fête à cause de ce qu'il a fait, et j'ai un cadeau à lui offrir et le voilà. » Il tâta ses poches en murmurant : « Mais où l'ai-je mis ? »

Pendant qu'il cherchait, Bourriquet toussa bruyamment et prit la parole :

— Mes amis, tous autant que vous êtes, c'est un grand plaisir, ou devrais-je plutôt dire que cela fut un grand plaisir jusqu'à maintenant, de vous accueillir à ma fête. Ce que j'ai fait n'était rien. Chacun d'entre vous – à part Coco Lapin, Maître Hibou et Grand Gourou – aurait fait de même. Oh, et excepté Winnie. Mes remarques, bien évidemment, ne s'appliquent ni à Porcinet ni à Petit Gourou car ils sont trop petits. Chacun d'entre vous, donc, aurait fait de même. Mais il s'avère que c'est Moi qui l'ai fait. Et ce n'était pas, inutile de le préciser, pour recevoir ce que Jean-Christophe est en train de chercher… – il mit sa patte devant sa bouche et poursuivit en chuchotant très fort : «… cherche donc sous la table ! » – ce n'est pas pour cela que j'ai fait ce que j'ai fait, mais parce que je crois que nous devrions tous faire de notre mieux pour nous aider les uns les autres. Je crois que nous devrions tous…

Bien, bien, bien. Quoi qu'il en soit…

— Le voilà ! s'écria Jean-Christophe tout excité. Donne-le à ce bon vieux Winnie. C'est pour Winnie.
— Pour Winnie ? demanda Bourriquet.

Bien sûr que c'est pour Winnie. Parce que c'est ce *genre* d'Ours-*là*.

—Et qu'est-ce qui rend donc *Winnie* si spécial ? s'indigna Bourriquet.

— Eh bien, Bourriquet, si tu lis le prochain chapitre, tu auras ta réponse, répondis-je.

— S'il *faut* en passer par là…, dit Bourriquet.

Rien et Nulle part

— Où allons-nous ? demanda Winnie en se hâtant derrière lui. Il se demandait s'il s'agissait d'une expédition ou d'une autre aventure à la *Que-vais-je-donc-bien-y-faire*.

— Nulle part, répondit Jean-Christophe.

Ils se mirent donc en route pour nulle part et, après un moment de marche, Jean-Christophe demanda :

— Qu'est-ce que tu aimes faire le plus au monde, Winnie ?

(Évidemment, ce que Winnie préférait faire, c'était rendre visite à Jean-Christophe et prendre le goûter chez lui mais comme nous en avons déjà parlé plus haut, inutile de le répéter.)

— Moi aussi, j'aime cela, déclara Jean-Christophe, mais ce que je préfère *faire*, c'est Rien.

— Comment est-ce que tu fais Rien? lui demanda Winnie après une longue réflexion.

— Eh bien, par exemple, quand quelqu'un t'appelle juste au moment où tu allais t'y mettre et te demande: «Hé, Jean-Christophe, qu'est-ce que tu vas faire?», tu lui réponds: «Oh, rien» et puis tu t'y mets.

— Oh, je vois, dit Winnie.

— C'est un genre de rien que nous faisons en ce moment même.

— Oh, je vois, répéta Winnie.

— Cela veut dire que nous avançons et prêtons l'oreille à tout ce que nous ne pouvons pas entendre, sans nous tracasser.

Tchouang-tseu décrit cela ainsi:

Conscience erra vers le Nord, pénétra dans le pays des Eaux Sombres et escalada le Mont Inaperçu, au sommet duquel elle rencontra Inexprimable Non-Agir. Elle lui dit: «*Je voudrais te poser trois questions: tout d'abord, quelles pensées et quels efforts nous permettront de comprendre le Tao? Deuxièmement, où nous faut-il aller et que nous faut-il faire pour trouver la paix dans le Tao? Enfin, d'où nous faut-il partir et quel chemin nous faut-il suivre pour atteindre le*

Tao ? » Inexprimable Non-Agir ne lui répondit pas.

Conscience voyagea vers le sud, pénétra dans le pays de l'Océan Lumineux et escalada la Montagne de Certitude, où elle rencontra Orateur Impulsif. Elle lui posa les mêmes questions. « *Voici les réponses que tu cherches* », répliqua Orateur. Mais dès qu'il se mit à parler, il devint confus et finit par oublier ce qu'il voulait dire.

Conscience revint alors au palais et posa ses questions à l'Empereur Jaune, qui lui dit : « *N'avoir aucune pensée et ne faire aucun effort est le premier pas vers la compréhension du Tao. N'aller nulle part et ne rien faire est le premier pas pour trouver la paix dans le Tao. Partir de nulle part et ne suivre aucun chemin est le premier pas vers l'union avec le Tao.* »

Ce que décrivent Tchouang-tseu, Jean-Christophe et Winnie, c'est le Grand Secret, la clé ouvrant les portes de la sagesse, du bonheur et de la vérité. Quelle est cette chose magique et mystérieuse ? C'est Rien. Pour le taoïste, Rien est *quelque chose* et quelque chose – du moins, le genre de choses que beaucoup considèrent comme importantes – n'est en fait rien du tout. Notre explication va tenter d'éclairer un peu ce que les taoïstes appellent *T'ai Siu*, le «Grand Rien».

Commençons avec un exemple tiré des écrits de Tchouang-tseu :

> Tandis qu'il revenait des Monts K'ouen Louen, l'Empereur Jaune perdit la perle sombre du Tao. Il envoya la Connaissance à sa recherche, mais la Connaissance fut incapable de la comprendre. Il manda la Vision Lointaine, mais la Vision Lointaine fut incapable de la voir. Il manda l'Éloquence, mais l'Éloquence fut incapable de la décrire.
>
> Enfin, il manda l'Esprit Vide et l'Esprit Vide revint avec la perle.

Quand Bourriquet perdit sa queue, qui la retrouva pour lui ? L'intelligent Coco Lapin ? Non. Il était occupé à faire des choses intelligentes. Maître Hibou l'érudit ? Non plus. Il ne reconnut pas la queue quand il la vit. Ce Monsieur-je-sais-tout de Bourriquet ? Non. Il ne s'était même pas rendu compte qu'il lui manquait sa queue avant que Winnie ne le lui dise. Et même alors, il fallut un moment pour le convaincre que sa queue n'était vraiment plus Là.

Winnie partit alors la chercher. Tout d'abord, il passa par la maison de Maître Hibou et ce dernier lui dit, en vingt-cinq mille phrases soporifiques au moins, que la chose à faire était d'annoncer une récompense pour qui la retrouverait, ce qui impliquait d'écrire… (bâillements…), et sur cette affiche… (BÂILLEMENTS…), sur tout le… (bâillements…).

Où en étions-nous ? Ah oui, coller des affiches partout dans la forêt. Ils sortirent alors de la maison…

Et Winnie regarda la sonnette et l'écriteau en dessous, et il regarda la chaîne de la sonnette et l'écriteau en dessous, et plus il regardait la chaîne, plus il avait l'impression de l'avoir déjà vue quelque part auparavant.

— Une superbe sonnette, n'est-il pas ? remarqua Maître Hibou.

Winnie acquiesça.

— Elle me rappelle quelque chose, mais je n'arrive pas à savoir quoi. D'où vient-elle ? demanda Winnie.

— Je suis tombé dessus dans la forêt. Elle pendait à un buisson et j'ai d'abord pensé que quelqu'un habitait là, donc j'ai tiré dessus. Il ne s'est rien passé, alors j'ai sonné à nouveau très fort, mais elle m'est restée dans la main. Et comme personne ne semblait la vouloir, je l'ai ramenée à la maison et…

Aha. Ainsi Winnie ramena-t-il sa queue à Bourriquet et, une fois remise en place, celui-ci se sentit beaucoup mieux.

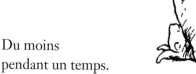

Du moins
pendant un temps.

Un esprit Vide est précieux pour trouver des perles, des queues et d'autres choses car il peut discerner ce qui est devant lui. Un esprit Encombré ne le peut pas. Tandis que l'esprit Clair écoute le chant des oiseaux, l'esprit Encombré-à-ras-bord-de-connaissances-et-d'intelligence se demande *quelle espèce* d'oiseau chante ainsi. Plus l'esprit est encombré, moins il peut écouter et regarder par lui-même. La connaissance et l'intelligence tendent à se préoccuper de faux problèmes et un esprit que rendent confus la connaissance, l'intelligence et les idées abstraites a tendance à se lancer à la poursuite de choses sans importance ou qui n'existent même pas, au lieu de regarder, d'apprécier et de mettre à profit ce qui est juste devant lui.

Considérons le Vide en général quelques instants. Qu'est-ce qui rend une peinture de paysage taoïste si rafraîchissante à tant de personnes différentes ? C'est le Vide, l'espace que rien n'emplit. Qu'est-ce qui nous plaît dans la neige fraîche, le grand air et l'eau pure ? Ou dans la belle musique ? Comme le disait Claude Debussy : « *La musique est l'espace entre les notes.* »

« Ooooh *Baby* ! Oooahohe *BABY* ! (Poum-tchac-tchac). *Baby*, ne *m'quitte* pas ! (Tchac-tchac-poum).

Baby, ne *m'QUITTE* pas! (Pang-pang-boum!)»
Tel le silence après le tapage ou de l'eau fraîche et
pure par une journée étouffante, le Vide nettoie
l'esprit en désordre et recharge nos batteries d'éner-
gies spirituelles.

Beaucoup de gens craignent le Vide, cependant, parce qu'il leur rappelle la solitude. On dirait
que tout doit être rempli – les agendas, les collines,
les terrains encore vierges – mais c'est quand tout
l'espace est empli que la *véritable* solitude apparaît.
C'est alors que l'on adhère à des groupes, que l'on
s'inscrit à des cours et que l'on se fait des cadeaux
à soi-même. Dès que la solitude se glisse chez soi,
on monte le son de la télévision pour la chasser.
Mais elle ne s'en va pas. Alors, c'est un peu de *nous-
même* qui s'en va et après avoir rejeté la vacuité du
Grand-désordre-sens-dessus-dessous, nous décou-
vrons la plénitude du Rien.

L'un de nos exemples favoris de la valeur du
Rien est un incident survenu dans la vie de l'empereur japonais Hirohito. De fait, être l'empereur
de l'un des pays les plus radicalement confucéens
du monde n'est pas forcément de *tout repos*. Du
petit matin à la nuit profonde, pratiquement
chaque minute de la vie de l'empereur est remplie

de réunions, d'audiences, de visites, d'inspections et de je-ne-sais-quoi encore. Et tout au long de cette journée tellement pleine qu'une dalle de béton ressemblerait à une éponge en comparaison, l'empereur doit voguer sans effort, comme un grand vaisseau poussé par une brise régulière.

Par une journée particulièrement chargée, l'empereur fut conduit dans une immense salle de réception afin d'honorer quelque rendez-vous. Mais quand il y entra, il n'y avait personne. L'empereur marcha jusqu'au centre de la grande pièce, se tint là un moment en silence, puis se prosterna devant l'espace vide. Et, se retournant vers sa suite avec un large sourire, il leur dit : «*Nous devrions organiser davantage de rendez-vous comme celui-ci. Je ne me suis pas autant amusé depuis bien longtemps.*»

Dans le 48e chapitre du *Tao te king*, Lao-tseu écrit : «*Pour atteindre la connaissance, rajoute chaque jour quelque chose. Pour atteindre la sagesse, enlève chaque jour quelque chose.*» Tchouang-tseu décrit ce principe avec son humour habituel :

— J'ai bien progressé, déclara Yen Houei.
— Comment cela ? lui demanda le Maître.
— J'ai oublié les règles de la Droiture et les degrés de la Bienveillance, répondit-il.

— C'est bien, mais tu peux faire mieux, répondit le Maître.

Quelques jours plus tard, Yen Houei déclara :

— Je fais des progrès.

— Comment cela ? lui demanda le Maître.

— J'ai oublié les Rituels et la Musique.

— C'est mieux, mais pas encore parfait, dit le Maître.

Quelque temps plus tard, Yen Houei déclara :

— À présent, je m'assieds et j'oublie tout.

Le Maître lui jeta un regard stupéfait :

— Que veux-tu dire par : « J'oublie tout » ? lui demanda-t-il avec empressement.

— J'oublie mon corps et mes sens, je laisse derrière moi toute apparence et toute connaissance. Au cœur du Rien, je m'unis à la Source de toutes choses.

Le Maître s'inclina devant lui :

— Tu as transcendé les limites du temps et de la connaissance. Je suis bien loin de toi. Tu as trouvé la Voie !

Rassembler des informations, les analyser, les classer et les conserver – ces fonctions et bien d'autres, l'esprit humain les réalise d'une manière si automatique, si maîtrisée et si simple qu'il ferait passer l'ordinateur le plus sophistiqué pour un jouet en plastique. Mais il peut faire infiniment plus. Utiliser l'esprit tel qu'on l'utilise trop communément, sur le genre de sujets pour lesquels on l'utilise habituellement, est aussi inefficace et inapproprié qu'utiliser une épée magique pour ouvrir une boîte de conserve. Le pouvoir d'un esprit clair dépasse toute description. Mais chacun peut l'atteindre dès lors qu'il sait apprécier et faire usage de la valeur du Rien.

Disons que vous avez une idée – ou, selon la formule plus précise de Winnie, qu'une idée vous vient. D'où vient-elle ? De cette chose-ci, qui provient elle-même de celle-là ? Si vous êtes capable de tracer son chemin jusqu'à sa source, vous découvrirez que votre idée provient du Rien. Et il y a de bonnes chances que plus elle est géniale, plus elle en découle directement. «*Un vrai coup de génie ! C'est du jamais vu ! Une nouvelle approche révolutionnaire !*» Pratiquement tout le monde a déjà eu ce type d'idée un jour, probablement après un sommeil profond où tout devient si clair et si empli de Rien qu'une idée peut y apparaître subitement. Cependant, il n'est pas nécessaire de dormir plusieurs heures pour que cela se produise. Nous pouvons au contraire être éveillés – je veux dire, *complètement* éveillés. Le processus est très naturel.

Cela commence quand nous sommes des enfants, fragiles mais conscients du monde, et que nous savourons tout ce qui nous entoure. Puis nous atteignons l'adolescence, toujours fragiles mais tentant au moins de *paraître* indépendants. Lorsque nous grandissons encore, nous devenons des adultes – des individus qui se suffisent à eux-mêmes, assez mûrs et aptes à aider les autres puisqu'ils ont appris à s'aider eux-mêmes.

Mais l'état d'adulte n'est pas le stade suprême de notre développement. La fin du cycle est l'état d'enfant indépendant à l'esprit clair et qui voit tout. On appelle cet état la sagesse. Quand le *Tao te king* et d'autres ouvrages de sagesse disent des choses comme : «*Reviens au commencement : redeviens un enfant*», c'est de cela dont ils parlent. Pourquoi les personnes éveillées semblent-elles emplies de lumière et de bonheur, comme le sont les enfants ? Pourquoi ressemblent-elles même parfois à des enfants et parlent-elles comme eux ? Parce qu'elles sont des enfants. Les sages sont des Enfants-qui-savent. Leur esprit est vidé de l'incommensurable fatras de petits savoirs et empli de la sagesse du grand Rien, qui est la Voie de l'Univers.

> Ils continuèrent à marcher, pensant à ceci et à cela et, de fil en aiguille, parvinrent à ce lieu enchanteur au faîte de la forêt que l'on nomme la clairière du Galion – il s'agit de 60 et quelques arbres plantés en cercle. Jean-Christophe savait que ce lieu était enchanté car personne n'avait jamais été capable de déterminer s'il y avait 63 ou 64 arbres, même en apposant des signes distinctifs sur ceux qui avaient été comptés. Puisqu'il était enchanté, le sol de la clairière n'était pas comme celui de la forêt, tout parsemé de fougères, d'ajoncs et de bruyères : c'était un tapis uniforme d'herbe drue, épaisse et verte… De là, confortablement assis, ils voyaient le monde entier s'étendre sous leurs yeux, si loin qu'il finissait par se confondre avec le ciel, et tout ce qui se trouvait en ce monde était avec eux dans la clairière du Galion.

Le Tao de Winnie touche à sa fin en ce Lieu Enchanté au faîte de la forêt. On peut s'y rendre n'importe quand. Il n'est jamais loin ; il n'est pas difficile à trouver. Prenez tout simplement le chemin du Rien et n'allez Nulle Part jusqu'à ce que vous y soyez. Car ce Lieu Enchanté se trouve exactement là où vous êtes, et si vous êtes l'ami des Ours, vous le trouverez.

LE MAINTENANT DE WINNIE

Dans le soleil levant, à la tombée de la nuit, un petit Ours voyage à travers la forêt. Pourquoi l'avons-nous suivi quand nous étions plus jeunes? Après tout, ce n'est qu'un Ours sans beaucoup de cervelle. Mais le cerveau est-il si important? Est-ce vraiment le cerveau qui nous mène là où nous devons aller? N'est-ce pas plutôt le cerveau qui nous envoie bien trop souvent dans la mauvaise direction, poursuivant les soupirs du vent dans les feuillages, que nous prenons pour de *véritables* soupirs, au lieu d'écouter la voix en nous-mêmes qui nous indique quelle direction prendre?

Un cerveau peut faire toutes sortes de choses, mais les choses qu'il peut faire ne sont pas les plus importantes. Le talent de l'abstraction ne fait que séparer le penseur du monde de la réalité, et ce monde, la Forêt de la Vraie Vie, est aujourd'hui dans un état désespéré car trop de personnes y réfléchissent trop et n'en prennent pas assez soin.

Malgré ce dont beaucoup d'esprits ont fini par se persuader, nous ne pouvons persévérer dans nos erreurs si ce monde doit survivre. Notre seule chance d'éviter un désastre assuré est de changer notre approche et d'apprendre à apprécier la sagesse et la paix intérieure. De toute façon, c'est déjà ce que nous recherchons par le biais de l'intelligence et de la connaissance, mais ces dernières ne peuvent nous les procurer. Elles ne l'ont jamais fait et ne le feront jamais. Nous ne pouvons plus nous permettre de rechercher si désespérément quelque chose au mauvais endroit et avec la mauvaise méthode. Si nous autorisons la connaissance et l'intelligence à continuer de tout détruire, elles anéantiront rapidement la vie sur Terre telle que nous la connaissons ; et le peu qui survivra peut-être quelque temps ne méritera pas un regard, même si nous pouvions alors encore le faire.

Les maîtres de vie connaissent la Voie car ils écoutent la voix en eux, la voix de la sagesse et de la simplicité, la voix qui raisonne au-delà de l'intelligence et connaît au-delà de la connaissance. Cette voix ne relève pas du privilège et du pouvoir de quelques-uns car nous la possédons tous.

Ceux qui y sont attentifs sont trop souvent traités comme des exceptions à la règle plutôt que comme des exemples de cette règle à l'œuvre – une règle qui peut s'appliquer à toute personne qui en fait usage.

En chacun de nous vivent un Maître Hibou, un Coco Lapin, un Bourriquet et un Winnie. Pendant trop longtemps, nous avons choisi la voie de Maître Hibou et de Coco Lapin. À présent, comme Bourriquet, nous nous plaignons du résultat. Mais cela ne mène à rien. Si nous sommes malins, nous choisirons la voie de Winnie. Elle nous appelle à elle avec la voix d'un enfant, comme de très loin. Elle est peut-être parfois difficile à entendre mais elle n'en demeure pas moins importante car, sans elle, nous ne retrouverons jamais notre chemin dans la forêt.

ÉPILOGUE

— Eh bien, qu'en penses-tu, Winnie ? lui demandai-je.

— Pentu ? Qu'est-ce qui est pentu ?

— Que penses-tu du *Tao de Winnie* ?

— Le *quoi* de Winnie ? rétorqua-t-il.

— Ne me dis pas que tu recommences !

— Recommencer quoi ? demanda-t-il avec de grands yeux.

— Le Tao de Winnie.

— Qu'est-ce que c'est le Tao de Winnie ?

— Mais tu sais – le Bloc de Bois brut, le Principe de Cottleston Pie, la Voie de Winnie, Ce genre d'Ours-là et tout le reste.

— Oh, répondit Winnie.

— C'est ça, le Tao de Winnie.

— Oh, répéta-t-il.

— Comment le décrirais-tu, *toi* ?

— Eh bien… Une chanson me vient. Je vais te la chanter.

— Très bien, lui répondis-je.

— Voyons voir, dit-il en se raclant la gorge :

Pour connaître la Voie,
Nous marchons dans la Voie ;
Et nous faisons la Voie
Dès lors que nous faisons
Tout ce que nous faisons.
Car tout est devant toi ;
Ne lutte pas, et vois,
Car si tu t'évertues
Tu deviendras Confus.

Je suis moi, tu es toi,
Ainsi que tu le vois ;
Et si tu ne fais rien
Que ce qui te convient,
Tu trouveras la Voie
Et la Voie te suivra.

— Voilà ce que c'est selon *moi*, dit-il.

— C'est parfait, lui répondis-je. Mais tu sais, n'est-ce pas…

— Sais quoi ? me demanda Winnie.

— … c'est la même chose.

— Oh. Alors c'est ainsi, me répondit-il.